SEHEN

SCHÖNHEIT FUNKTIONIERT WIE EINE ABKÜRZUNG FÜR UNSER DENKFAULES HIRN.

Was macht eine wirkungsvolle Begegnung aus?

Sympathie. Guter Geruch. Ein angenehmes Gefühl im Bauch. Visuelle Verbindung. Bezogen auf eine Person: das Aussehen, die Kleidung, der Haarschnitt und die Hände. Ist diese Person von meiner Gruppe? Oder gehört sie eventuell einer radikal anderen Gruppe zu? Interessiert mich diese andere Gruppe? Wichtig ist auch noch das Gespräch. Ist diese Person liebenswürdig?

Worauf ist bei der Gestaltung einer Begegnung zu achten?

Es sollte schön sein. Schönheit funktioniert als Abkürzung für unser denkfaules Hirn. Sie erlaubt dem Gehirn Energie zu sparen und nicht Denken zu müssen. Immer wenn wir selbst im Studio versuchen etwas besonders schön zu gestalten, funktioniert es viel besser. Das gilt auch besonders für Messestände. Je nachdem, was sie visuell anzieht, entscheiden die Besucher dort oft unterbewusst, an welchen Stand sie gehen. Deshalb gewinnt da immer der Schönere. Da es für viele Designer so ungewohnt geworden ist, etwas Formschönes zu gestalten, können es die meisten nicht mehr. Funktionalität ist einfach zu erreichen – Funktionalität und zeitgemäße Schönheit allerdings schwer. Außerdem gilt: Die Schönheit liegt NICHT im Auge des Betrachters.

Weltweit und über die Grenzen der Kulturen hinweg gibt es eine erstaunliche Überein-
stimmung, was schön ist und was nicht.

Eine Definition von Schönheit ist einfach: Schönheit ist die Kombination von Gestalt,
Farbe, Materialität, Komposition und Form, die die ästhetischen Sinne und speziell das Sehen
ansprechen.

Was sollte ich für meine nächste Begegnung beachten?

Viel gutes Design wird erst dann sichtbar, wenn es katastrophal nicht funktioniert hat. Als
Designer kann ich Unglück vermeiden, indem ich Dinge gestalte, die funktionieren. Ich werde
in 20 Minuten in einen Flieger von Chicago nach Savannah steigen und kann flott vergessen, welches Wunder es ist, dass ich mit 50 anderen Passagieren in einer tonnenschweren
Aluminiumröhre in 10.000 Meter Höhe mit fast Schallgeschwindigkeit durch die Luft sause. Ich
werde mir dessen erst bewusst werden, wenn etwas im Flieger nicht funktioniert. Die
Funktion kann allerdings niemals nur alleine im Mittelpunkt stehen. Das Schöne ist gleich
wichtig, denn Dinge werden erst durch das Schöne menschlich.

Sagmeister wurde 1962 in Österreich geboren und studierte später Grafik und Design in Wien. Als Grafikdesigner und
Typograph gründete er 1993 seine eigene Agentur in New York, mit der er für zahlreiche Musikinterpreten CD-Cover
Designs entwickelte. Mittlerweile führt er die Agentur mit der Designerin Jessica Walsh (Sagmeister & Walsh).
Sagmeister wurde zweimal mit einem Grammy ausgezeichnet. www.sagmeisterwalsh.com

Jede Begegnung birgt die Chance auf Geschichten. Wir müssen uns nur die Ruhe nehmen, um zuzuhören.

Was macht eine wirkungsvolle Begegnung aus?

Eine wirkungsvolle Begegnung ist eine wahrhafte Begegnung. Sie geschieht dann, wenn wir das Gegenüber fühlen, wenn wir es sehen. Ja, wenn schlichtweg der Funke überspringt. Unser Ziel ist es, in jedem Projekt Initianten von solchen Funken zu sein. Dafür brauchen wir Zeit. Wir takten unsere Dreharbeiten so, dass sich die Schauspieler, die Models, die Techniker oder die Interviewten in ihrer Umgebung wohlfühlen und ankommen können, damit wir persönlich connecten können. Wir machen dies nicht nur, weil wir wissen, dass sich diese Begegnungen vor dem Dreh auf unser Drehmaterial positiv auswirken, sondern auch, weil wir die Diversität von Menschen lieben.

Verschiedene Backgrounds, Gedankengänge und Visionen fesseln uns! Als Kameramann kommt Jonas den Schauspielern nahe. Damit er ihnen nahe kommen darf, muss vorher eine gewisse Sympathie aufgebaut werden. Auch Priscillas Regieanweisungen werden schnell umgesetzt, wenn die Protagonisten spüren, dass die Regie mit einer positiven Grundeinstellung das Beste aus ihnen herausholen möchte. Ebenso schauen wir darauf, dass wir mit möglichst kleinen Drehteams arbeiten. Unsere Erfahrung ist, dass je weniger Menschen auf einem Haufen rumwuseln, desto offener und ehrlicher wird die Arbeit. Es zählt jeder einzelne. Niemand kann sich verstecken. Wenn das Drehteam happy ist und dadurch eine Aufrichtigkeit vor der Kamera stattfindet, springt der Funke über!

Worauf ist bei der Gestaltung einer Begegnung zu achten?

Egal, ob wir einen Trailer, einen Werbefilm, eine Eröffnungsshow oder ein Musikvideo produzieren, unser erstes Ziel ist es: den Funken zu beherbergen. Unsere Arbeiten sollen nahbar, prägnant und echt sein. Daher setzen wir alles daran, unseren Kunden in Briefings gut zuzuhören und uns ausreichend Zeit für die Konzept- und Texterarbeitung zu nehmen. Die Aufgabe ist Gesetz: die Vision des Kunden in eine filmische Begegnung zu verwandeln.

Als Filmemacher, Ehepaar und Eltern haben wir gelernt, auch unser eigenes Leben als Heldenreise zu sehen: sich Kämpfen zu stellen, Hürden zu überwinden, Mentoren zu horchen, durch Krisen zu gehen und Mutproben zu wagen. Oft haben wir Entscheidungen getroffen, welche uns weit außerhalb unserer Komfortzone zurückließen, was uns jedoch nur enger zusammenschweißte, reifer und mutiger gemacht hat.

Bewegte Bilder zu produzieren, ist unser Job, doch für andere und privat leben wir unseren ganz persönlichen Film. Wir brauchen dafür nur den Mut, unsere Geschichte selbst zu schreiben. Je farbenprächtiger unser Privatleben ist, desto leichter fällt uns das kreative Arbeiten und führt uns in der Gestaltung von Begegnungen in wunderbar phantasievolle Ecken, deren Ergebnisse unseren Zuschauern, das hoffen wir, für immer hängen bleiben.

Was sollte ich für meine nächste Begegnung beachten?

Jede Begegnung birgt die Chance auf Geschichten. Wir müssen uns nur die Ruhe nehmen, um zuzuhören, nachzufragen, Informationen aufzunehmen und nicht an uns vorbeitreiben zu lassen, die Farben im Auge des Gegenübers zu studieren, andere Meinungen stehenzulassen und sich mitreißen zu lassen in die Gedankenwelt des Nächsten. Solch ehrliche Begegnungen sind der Anfang einer jeden Heldenreise.

Jonas Leidenschaft war die Musik, welche auf die Bildaffinität von Priscilla traf. Vereint starteten sie nach langjähriger Selbständigkeit 2017 ihre eigene Videoproduktionsfirma unter dem Namen BUCHERMEDIA GmbH mit Sitz in der Schweiz. Sie sind für verschiedene Fernsehsender, Veranstalter und Firmen die Köpfe hinter dem Bewegtbildauftritt. www.buchermedia.ch

JEDES TREFFEN IST WIE EIN THEATER STÜCK.

03

Was macht eine wirkungsvolle Begegnung aus?

Eine Pantomime-Show ist eine visuelle Begegnung. Heute kann es anstrengend erscheinen, in eine Theateraufführung zu gehen, in der Gesten und Stille die einzigen Kommunikationsmittel sind. Ich bin mir bewusst, dass das Publikum zu meinen Programmen kommt mit Fragen wie: Wird mir langweilig sein? Werde ich es verstehen? Werde ich wissen, wann ich lachen soll? Sobald die Aufführung startet, wird das Unsichtbare sichtbar. Die Bühne ist leer, aber die Leute sehen Fenster, Treppen, Türen und vieles mehr. Wenn ich zum Beispiel eine imaginäre Tür öffne, ändert das Publikum seine Fragen. Warum öffnet er die Tür? Wohin geht es? Wer ist auf der anderen Seite? Und sie selbst finden die Antworten während des gesamten Programms. Diese kontinuierlichen Fragen und Antworten sind ein stiller Dialog, der die Begegnung interessant macht. Das Ziel ist es, dass sich der Betrachter am Ende fragt: Wann ist die nächste Vorstellung? Dann können wir sagen, dass das Treffen oder die Begegnung ein Erfolg war.

Worauf ist bei der Gestaltung einer Begegnung zu achten?

Bevor ich auf das Publikum treffe, verbringe ich immer Zeit in der Künstler-Garderobe. An diesem Ort wird nicht die Aufführung selbst vorbereitet (dies sollte natürlich vorher geschehen sein), sondern hier werden die kleinen Details finalisiert. Dank meiner weißen Maske kann das Publikum die Nuancen des Gesichtsausdrucks viel besser wahrnehmen. Die Garderobe ist jedoch nicht nur der Ort, wo ich mich schminke, sondern auch der Ort, an dem ich herausfinde, an welches Publikum ich mein Werk anpassen muss. Es ist nicht dasselbe, für sechs

Menschen aufzutreten wie für Hunderte oder Tausende. Es ist etwas anders in einem Theater zu spielen als in einer Schule, einem Hotel oder einer Firma. Obwohl das Programm das selbe ist, muss ich es an das Publikum anpassen. Genau das mache ich in jenen Minuten vor der Vorstellung. Jedes Treffen ist wie ein Theaterstück („Das Leben ist ein Theater", würde Shakespeare sagen). Deshalb müssen wir uns alle körperlich und geistig in einer Garderobe vorbereiten.

Was sollte ich für meine nächste Begegnung beachten?

Bei meiner Arbeit als Darsteller der Pantomime ist es sehr wichtig, Menschen aufmerksam zu beobachten, um sie später auf der Bühne präzise und authentisch reflektiert zeigen zu können. Das Publikum kommt, um zu sehen, was ich vorher beobachtet habe. Weil ich den Gesten der Menschen sehr viel Beachtung schenke, habe ich die vielen Informationen bemerkt, die wir preis geben, ohne zu sprechen. Wir alle wissen, dass ein Gespräch eine Kreuzung zwischen Fragen und Antworten ist (manchmal auch nur Antworten). Dank der Beobachtung habe ich allerdings festgestellt, dass die interessanteste Antwort diejenige ist, die der Körper vor dem Sprechen gibt. Augen, Atem, Hände oder sogar Füße vermitteln uns wertvolle Informationen lange bevor wir Worte benutzen. Dementsprechend sollten bei einem Treffen die Antworten nicht nur gehört, sondern auch beobachtet werden.

Carlos Martínez: In Asturien (Spanien) geboren, wohnt in Barcelona und reist mit seiner stillen Kunst um die Welt. Für Carlos Martínez sind Grenzen keine Hürden, sondern eine andere Möglichkeit der Kommunikation ohne Worte. Egal ob die Bühne in einem Theater, einer Kirche oder einer Schule zu finden ist, der Schauspieler ist in der Welt der Stille immer zuhause. Sie gibt ihm die Freiheit, neue Bilder in die Köpfe und Herzen der Zuschauer zu malen. www.carlosmartinez.es

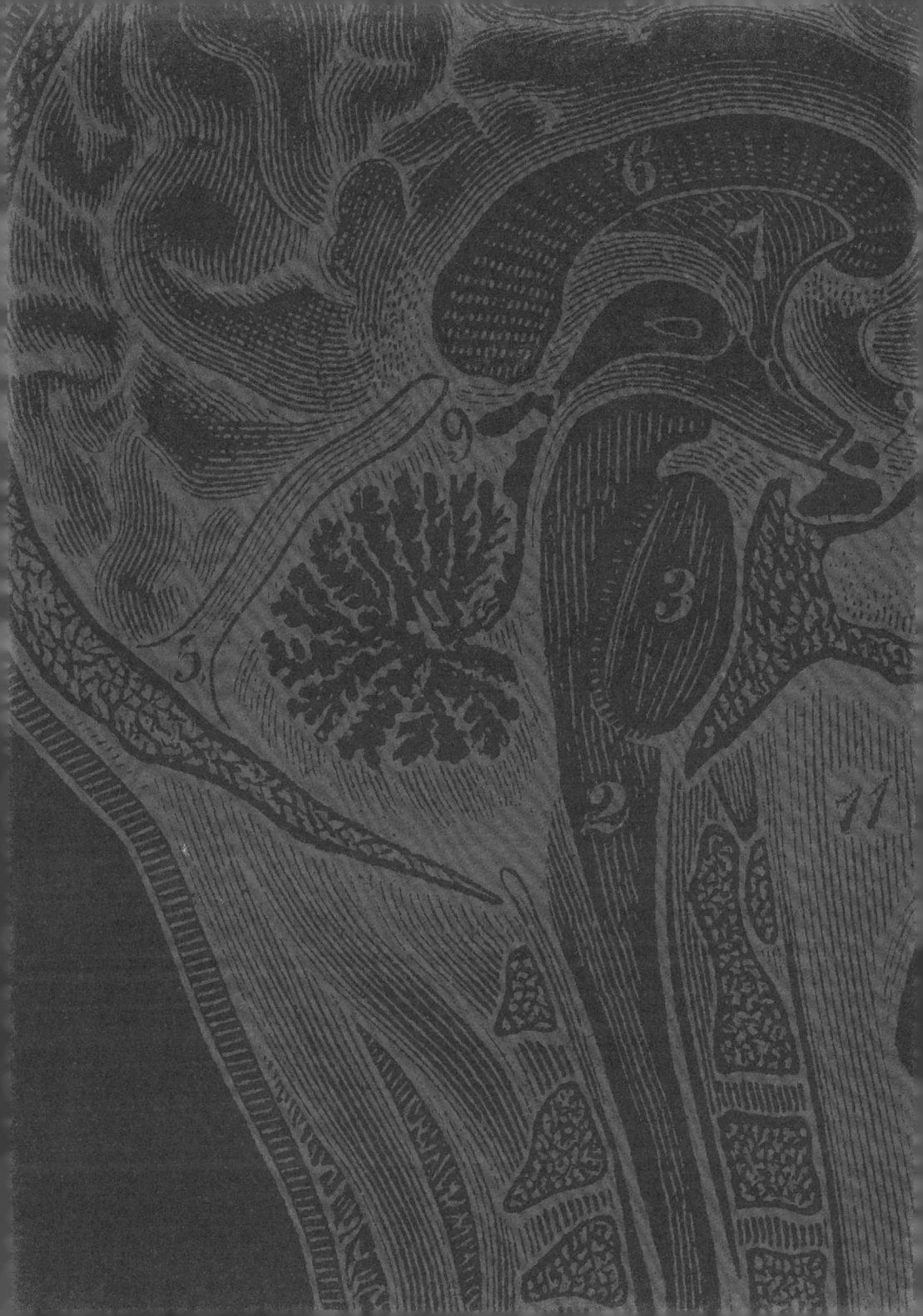

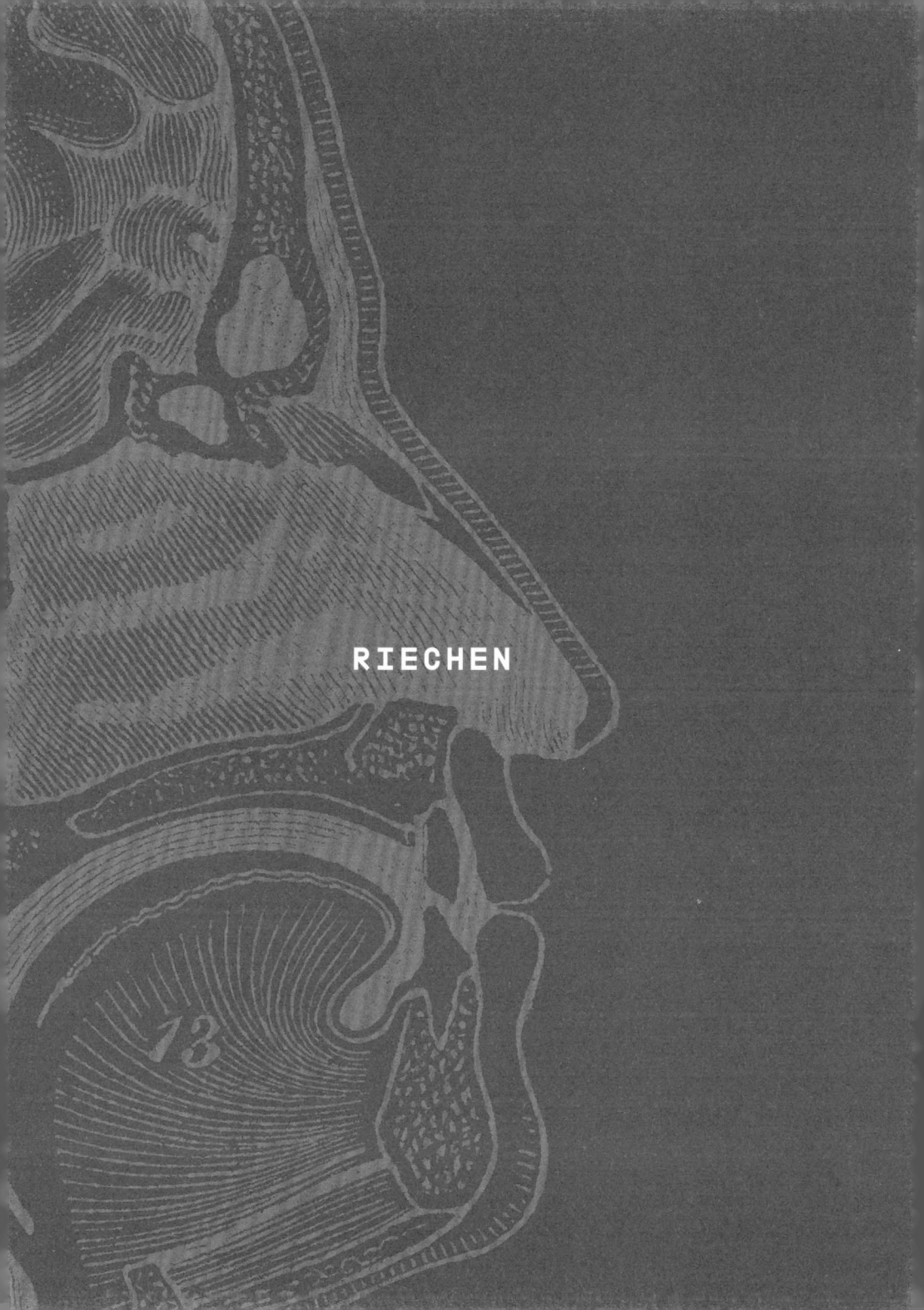

RIECHEN

Duft ist
das erste
Element
der Be-
gegnung.

PARFUMEUR

Was macht eine wirkungsvolle Begegnung aus?

Geruch ist der einzige Sinneskanal, den man nicht betrügen kann. Das unbewusste Fühlen des Gegenübers wird wie bei keinem anderen Sinn aktiviert. Daher ist die wirkungsvolle Begegnung auf dieser Ebene geprägt vom Zeigen und Erkennen des Wesens, der Stimmung und der Werte der Kommunizierenden.

Duft ist das erste Element der Begegnung. Bevor wir mit jeglichem anderen Sinn das Setting erfassen, hat das Riechen, allein durchs Atmen, schon wichtige Weichen gestellt: Bin ich sicher? Ist das echt was ich sehe, höre oder fühle? Und vor allem: Woran erinnert es mich?! Und Duft ist das letzte Element der Begegnung. Denn auch kein anderer Sinn verdrahtet im Kopf Erinnerungen so fest wie das Riechen. Diese beiden Faktoren aktiv bewusst zu leben, wird jede Begegnung verändern.

Worauf ist bei der Gestaltung einer Begegnung zu achten?

Riechen gehört fest mit in die Planung. Ist die Eventlocation für den Launch einer Nobel-Uhrenmarke beispielsweise neben einer Bio-Hühnerfarm? Passt nicht. Geht es um Outdoormode, dann ist der ländliche Geruch Teil der Inszenierung. Wenn eine aktive Beduftung vorgesehen ist, muss diese den Werten der Unternehmung entsprechen. Eigenwillig gutes Beispiel: Abercrombie und Fitch. Die kommunizierten Firmenwerte sind laut, unverhohlen, auf Äußerlichkeiten bezogen. Genau so ist die Parfumierung der Geschäftsräume. Da wurde alles „richtig" gemacht. Weniger gutes Beispiel: Bäckerei, die mit „Frischem Backwerk"-Duft parfümiert wird und man am Abend 16 Stunden alte Brötchen bekommt.

Dies gilt auch für Menschenbegegnungen. Beispiel: Der Agenturchef kommt am Nachmittag zum Kunden, mit einer perfekten Präsentation. Gegessen hat er seit heut Morgen nichts. Er ging lieber noch zwei Mal alles durch. Sein Hunger-Mundgeruch wird den versammelten Säugetieren (Kunden) verraten, dass dieses gehetzte Tier da vorn noch nicht einmal in der Lage ist, für sich zu sorgen. Das Rudel (welches den Auftrag dann an einen anderen vergibt) also schwächen wird. Riechen ist hemmungslos ehrlich.

Was sollte ich für meine nächste Begegnung beachten?

Wer die Werte des Kunden, Produkts, Zeitpunkts kennt, wird nichts falsch machen. Also sind diese Werte Tagesordnungspunkt 1. Wer dazu dann auch noch die Trigger seines Publikums kennt, macht alles richtig. Also Tagungsordnungspunkt 2. Dann multiperspektivisch denkende Experten ins Boot holen und zur Interaktion miteinander ermutigen.

Perfekt schlechtes Beispiel: Die Waldlandschaft einer Streetware-Modemesse, bestehend aus Großformatdrucken und künstlichen Bäumen. Die Beduftung der Halle stellte „Wald" authentisch dar. Der Lösungsmittelgeruch aus den Drucken und dem Chinaplastikgeruch der Bäume jedoch nicht. Besucher bekamen Kopfschmerzen. Die Verweildauer war zu kurz, die Umsätze der Aussteller schlecht. Diese blieben im nächsten Jahr aus. Der Veranstalter ging fast pleite. Keiner kam darauf, dass es am Geruch gelegen hat.

Perfekt gutes Beispiel: Eine Popcorn Maschine an einem Messestand für elektronische Whiteboards bei der Didakta. Die Whiteboards waren so einfach zu bedienen „wie Popcorn". Das Image des Herstellers gut gelaunt. Man konnte auch Filme auf die Boards projizieren (Kino). Die Besucher hatten einen Duftleitfaden durch die ganze Messehalle. An dessen Ziel stand eine spannende neue Technologie, deren Kern unsichtbar ist. Sie kauten während der Präsentation (Hirndurchblutung) und die Finger dufteten danach nach dem Whiteboard-Erlebnis.

Parfumeur Manasse erschafft in seinem Duftwerk Atelier in Köln unsichtbare Signaturen für Räume, Situationen und Menschen. Persönlicher Lieblingsduft: Die Haut im Frühjahr, wenn zum ersten mal die Sonne darauf scheint. www.manasse.de

Mit welchen Worten soll meine Begegnung assoziiert werden?

Was macht eine wirkungsvolle Begegnung aus?

Gerüche und Begegnungen wirken beide nach. Im Hinblick auf Begegnungen in Innen-räumen wird der Geruch und die Qualität der Raumluft von klimatischen Parametern wie der Temperatur, der Luftwechselrate und der relativen Luftfeuchtigkeit beeinflusst. Jeder erinnert sich gut an Emissionen von geruchsaktiven Substanzen, die durch Bedarfsgegenstände und Materialien an Innenräume abgegeben werden. Dies ist beispielsweise ein neuer PVC-Boden-belag, der den typischen „Chemie-Plastik"-Geruch aufweist. Der erste Eindruck entscheidet, ob das Ambiente positiv empfunden wird und als solches Erlebnis in Erinnerung bleibt.

Gerüche werden aktiv zur Kommunikation eingesetzt. So locken in der Natur Pflanzen ihre Bestäuber mit wohlriechenden Düften an oder setzen unangenehme Gerüche zur Ab-wehr ein. Beim Menschen lösen Geruchsstoffe ebenfalls emotionale Signale aus. Ist ein Geruch unauffällig und angenehm, bereitet dies keine Probleme. Treten hingegen unange-nehme Gerüche auf, bleibt ein negativer Eindruck zurück.

Worauf ist bei der Gestaltung einer Begegnung zu achten?

„Den kann ich nicht riechen!" Mit diesem Spruch zeigt sich der komplexe Vorgang der Geruchswahrnehmung: Durch die Verknüpfung der Geruchsinformationen vom Riech-kolben kommt es mit dem limbischen System zur Geruchswahrnehmung und -erkennung mit vorhandenen Erinnerungen und Erfahrungen. Das Zusammenfügen der Informationen kann wiederum subjektive Reaktionen auslösen. Hieraus resultiert eine Vielfalt an Geruchseindrücken.

Diese Überschneidung von physischen und psychophysiologischen Parametern sollte bei der Gestaltung einer wirkungsvollen Begegnung näher betrachtet werden: Die Wahrnehmbarkeit — sagt aus, ab welcher Konzentration die geruchsaktive Substanz riechbar ist. Soll ein bestimmter Geruchsstoff wahrnehmbar sein oder eben nicht?

Die Intensität – die Stärke der Geruchswahrnehmung. Soll der Geruch deutlich oder eher latent wahrgenommen werden? Hier sollte bedacht werden, dass sogar eine leichte Konzentrationszunahme zu einer Verdopplung der Intensität führen kann.

Die Qualität – gibt die Art und Charakteristik eines Geruchs wieder. Wonach riecht es? Blumig, minzig, plastikartig oder fischig? Für Geruchseindrücke ist kein differenziertes Vokabular vorhanden, weshalb Gerüche mit Umschreibungen und Vergleichen formuliert werden. Mit welchen Worten soll meine Begegnung assoziiert werden?

Und zuletzt, die Hedonik – die subjektive Bewertung. Wird der Geruch als angenehm oder als unangenehm empfunden?

Was sollte ich für meine nächste Begegnung beachten?

Gerüche sind allgegenwärtig. Von den bekannten chemischen Molekülen sind mehrere tausend Einzelsubstanzen als Geruch wahrnehmbar. Ein tiefer Atemzug durch die Nase steigert nicht nur eine bewusste Geruchswahrnehmung, sondern sorgt auch für die nötige Entspannung vor meiner nächsten Begegnung.

Als Chemieingenieurin entwickelte Abija Tonne ein objektives Verfahren zur sensorischen Evaluation von geruchsaktiven Innenraumverbindungen mittels chemisch-physikalischer Analyseverfahren. Aktuell arbeitet sie als Sachverständige mit Gefahrstoffen – bei denen sie ihre Nase zum Glück nur sehr selten einsetzen muss …

WÄHREND EINER BEGEGNUNG WOLLEN SICH MEINE SÄMTLICHEN SINNESEINDRÜCKE AUF DER FOLIE WIEDERFINDEN, DIE MEIN GERUCHSSINN SCHON BEIM HEREINKOMMEN STANZT.

06_WOLFGANG/OELSNER

PSYCHOTHERAPEUT

Was macht eine wirkungsvolle Begegnung aus?

Authentizität. Während einer Begegnung wollen sich meine sämtlichen Sinneseindrücke auf der Folie wiederfinden, die mein Geruchssinn schon beim Hereinkommen stanzt. Geruchsfernsehen/-kino wäre das Aus für alle bislang produzierten Filme. So lange es keine „Geruchsspur" gibt, lenken die Ausstattung, das Licht und die Musik vom Artefakt „Drehort" ab. Die „Lüge" wirkt. Gerüche reißen ihr allerdings die Maske ab. Welchen Grund gibt es noch, in den Zirkus zu gehen, wenn im TV Artistik von Weltklasse geboten wird? Es riecht nach Manege!

Worauf ist bei der Gestaltung einer Begegnung zu achten?

Dass ich nicht ausstrahle, was ich nicht will. In meinem Beruf als Psychotherapeut gilt ein Abstinenzgebot: Wer zu mir kommt, soll mit seinem Anliegen kommen und nicht als erstes auf mich reagieren müssen. Das ist natürlich eine Idealvorstellung, um die ich mich aber bemühe. Begegne ich meinem Gegenüber in auffallender Kleidung, verlocke ich ihn, sich mit mir zu beschäftigen. Später kann auch die dadurch aufkommende Dynamik therapeutisch nutzbar gemacht werden. Doch gerade anfangs achte ich auf Neutralität.

Einrichtung und Garderobenwahl helfen mir, mich weitgehend „unsichtbar" zu machen. Was mich aber entlarvt – meine Praxis ist in unserem Wohnhaus – sind Gerüche, die aus der Küche herüberwandern. Sie durchzucken mich mehr als alle Geräusche, die ein Haus von sich gibt. Für meine Familie ist es natürlich eine Zumutung, sich während des Praxisbetriebs beim Kochen zurückzuhalten. Inzwischen kennen wir auch die denkbar kontraproduktivste Gegenmaßnahme: Bratenduft mit Raumspray übertünchen.

Was sollte ich für meine nächste Begegnung beachten?

Hier trennen sich werbende und therapeutische Profession. Letztere will zunächst nichts-sagend rüberkommen. Gerade wegen der prägenden, auch manipulativen Wirkung von Gerüchen, will ich und muss ich so zurückhaltend wie möglich bleiben. Was ich mir in der Praxis aber zugestehe, ist ein stets frischer Blumenstrauß. Und der darf duften. Klar, auch das ist ein Statement.

Wolfgang Oelsner unterhält, nach seiner Pensionierung als langjähriger Leiter der Schule in der Kinder – und Jugendpsychiatrie der Uniklinik Köln, noch eine kleine Privatpraxis als psychoanalytischer Jugendtherapeut. Außer Fachpublikationen schreibt er auch über die Bräuche seiner Region, vor allem den Karneval, aus seiner beruflichen Sicht. Der Lieblingsgeruch? Morgens: Waldboden nach Regen im Spätsommer. Mittags: Rosen.

SCHMECKEN

ICH GLAUBE, DASS ALLES, WAS MIT HINGABE UND LEIDENSCHAFT PASSIERT, AUF MENSCHEN EINE BESONDERE ANZIEHUNGSKRAFT HAT.

KAFFEERÖSTER

Was macht eine wirkungsvolle Begegnung aus?

Als Röster von Spezialitätenkaffee liegt mein ganz besonderes Augenmerk darauf, dass ich es schaffe, den individuellen Charakter eines jeden Kaffees herauszuarbeiten und in die Tasse zu transportieren. Etwas abstrakt formuliert ist meine Wunschvorstellung, dass der Kaffee seine eigene Geschichte erzählen kann. Wir nehmen Kaffee beim Trinken in erster Linie durch eine Kombination aus Aroma (Nase) und Geschmack (Nase und Mund) wahr. Viele Geschmäcker sind allerdings bereits mit erfreulichen oder eben weniger erfreulichen Erinnerungen in unserem Kopf verknüpft. Daher haben wir unbewusst schon recht klare Geschmacksvorlieben, die oft darüber entscheiden, ob wir etwas mögen oder nicht.

Im direkten Gespräch lässt sich klären, was der Kunde mag. Ich gebe hier oft Hilfe-stellung mit dem Vokabular und wir hangeln uns durch den Aromen-Dschungel bis zum Ziel. Wenn der Kunde also mit seinem Wunsch nach einem „leckeren Kaffee" zu mir kommt und wir gemeinsam klären können, wofür dieses „lecker" genau steht und ich einen Kaffee nach seinem Geschmack noch auf Lager habe, dann würde ich von einer wirkungsvollen Begeg-nung im Rahmen meines Berufsalltags reden.

Worauf ist bei der Gestaltung einer Begegnung zu achten?

Es scheint so offensichtlich und wird doch oft übersehen: das Wohlfühlen. Ich teile gerne meine Begeisterung für Kaffee, aber nicht jeder hat die Muße, die Zeit oder schlichtweg das Bedürfnis meinen Ausführungen zu folgen. Manchmal will man eben einfach schnell Kaffee kaufen.

Die besten Begegnungen sind meistens die, wenn man freundlich und respektvoll dem Kunden gegenübertritt und schnell ein Gespür dafür entwickelt, was bei ihm gerade „dran" ist. In meinem Fall geht es immer um Kaffee, aber es liegen Geschmackswelten zwischen einem wuchtigen, dunkel gerösteten Robusta-Espresso und einem herrlich blumig-floralen, hell gerösteten Filterkaffee. Insofern ist auch hier Fingerspitzengefühl gefragt – wenn auch eher auf der Geschmacksebene.

Was sollte ich für meine nächste Begegnung beachten?

Ich glaube, dass alles, was mit Hingabe und Leidenschaft passiert, auf Menschen eine besondere Anziehungskraft hat. Das bemerke ich übrigens auch bei mir selbst. Wenn jemand seinen Job – sein Handwerk – besonders kunstvoll und filigran ausführt, kommen ganz oft Dinge von besonderer Schönheit zum Vorschein, die ich sehr mag. Als Kaffeeröster begegnet mir das oft, wenn ich Kaffeebauern in Zentral- und Südamerika besuche. Oder es begegnet meinen Kunden hoffentlich, wenn sie meinen Kaffee trinken.

Am Ende des Tages bin ich aber der festen Überzeugung, dass jeder Mensch einfach nur geliebt werden will. Ein tolles Café mit schöner Innenausstattung und einem tollen Kaffeesortiment ist eine feine Sache. Wenn mir dann allerdings noch ein Mitarbeiter freundlich zuvorkommend, kompetent und authentisch begegnet, dann wird mir so begegnet, dass mir dieses Erlebnis vermutlich noch länger im Gedächtnis bleibt. Was gibt es Schöneres, als über den Moment der Begegnung hinaus dem anderen etwas mitzugeben?

Nach Jahren als Schreiner und später als Musiker in Voll- und Teilzeit, hat Benjamin Pozsgai sich 2009 durch einen Ortswechsel auch beruflich noch einmal neu orientiert und kam 2012 durch eine Initiativ-Bewerbung zu seinem heutigen Traumjob als Kaffeeröster. 2016 konnte er bei der Deutschen Röstmeisterschaft den 1. Platz belegen. 2017 trat Benjamin Pozsgai bei der World Coffee Roasting Championship in China an und belegte den 3. Platz. Er wohnt mit seiner Frau und zwei Töchtern in Köln.

Ziemlich wirkungs-voll, so ein gutes Essen.

DESIGNERIN&KREATIVSTRATEGIN

Was macht eine wirkungsvolle Begegnung aus?

Ein Geschmackserlebnis. Als Hobbyköchin liebe ich gutes Essen. Ist es liebevoll, kreativ und schmackhaft zubereitet, kann es zu einem intensiven Erlebnis für alle Sinneswahrnehmungen werden: der Anblick, der Duft, der erste Biss, die Konsistenz, der Geschmack, der Nachgeschmack, …

Kein Wunder, dass ein so wirkungsvolles Geschmackserlebnis Menschen zusammenbringen kann. Schon öfter saß ich im Supper Club, Guerilla-Restaurant oder beim Secret Dinner mit Fremden an einem Tisch, die ich mit jedem Gang und jedem Gericht besser kennenlernen durfte.

Ob in London, München oder Köln, es war immer die gleiche Erfahrung: Der wohltuende Genuss ist die universelle Sprache, die auf ganz nonverbale Weise kommuniziert. Er verwandelt Abende in unvergessliche Erlebnisse und ganz wertvolle Begegnungen.

Auch in meiner eigenen Wohnküche konnte ich die offene Atmosphäre erleben. Die mitunter schönsten Abende fanden am Esstisch statt, wo ich meine Freunde gerne mit kulinarischen Highlights verwöhnte. Eines Abends saß eine unbekannte Person mit am Tisch (ein Freund einer Freundin), dem es ebenfalls sichtlich schmeckte. Seitdem war er Dinner für Dinner mit dabei, bei denen aus unserer Bekanntschaft Freundschaft wurde. Und aus Freundschaft wurde tatsächlich Liebe. Viele Gänge später – vor nur wenigen Monaten – haben wir geheiratet. Das war die wohl beste Begegnung am Tisch! Ziemlich wirkungsvoll, so ein gutes Essen.

Worauf ist bei der Gestaltung einer Begegnung zu achten?

„Wenn ich meine Zielgruppe wäre…" Das ist der Leitgedanke, der mich durch die Konzipierung eines Projekts begleitet. Ich versetze mich in die Lage meiner Zielgruppe und betrachte die Welt durch ihre Augen:

Welche Informationen würden mir auf der Webseite weiterhelfen? Welchen Mehrwert kann ich von diesem Produkt erwarten? Warum sollte ich genau diesen und keinen anderen Shop besuchen?

In gleicher Weise schlüpfe ich in die Haut eines Besuchers, wenn es darum geht, ein Event zu gestalten, z.B.: Wenn ich Besucher auf einem Event wäre, wünschte ich mir Begegnungen, die …

… überraschen. Ob mit coolen Shows und lauten Effekten oder mit dem ganz Minimalen. Ich möchte Begegnungen haben, die abwechslungsreich, unerwartet, kreativ, innovativ und progressiv sind und mir dadurch lange in Erinnerung bleiben.

… informieren. Der Lernfaktor darf nicht fehlen. Neuigkeiten mitnehmen, dazulernen und aufgeklärt werden, gehören neben dem Entertainment für mich dazu.

… ein Gefühl auslösen. Nicht nur der Kopf will unterhalten werden – ich habe fünf Sinne, die bespielt werden können, um Erlebnisse zu intensivieren. Oft kommt der Gaumen zu kurz… wäre das nicht mal was?

… für mich relevant sind. Werden meine Interessen berücksichtigt? Werde ich verstanden? Spricht mich die Botschaft an? Welchen persönlichen Mehrwert ziehe ich aus dieser Begegnung?

Was sollte ich für meine nächste Begegnung beachten?

Hör' gut hin! Es klingt einfach und selbstverständlich, ist es aber oft nicht. Wenn mein Kunde seine Botschaft vermitteln oder sein Produkt anbieten möchte, ist es meine Aufgabe als Designerin, dies auf die bestmögliche Weise umzusetzen. Branding, Website oder sonstige kreative Ausführungen sollten ganz auf den Bedarf abgestimmt sein und den Mehrwert deutlich kommunizieren.

Häufig genug erlebe ich, wie Kreative sich gerne von ihren eigenen (designverliebten) Vorstellungen leiten lassen und ihre Kunden zu einer Lösung bewegen, die vielleicht hübsch aussieht oder gerade im Trend ist, den Nutzen aber nicht optimal hervorbringt (nicht jede Marke braucht snapchat oder kalligrafische Schriftarten…).

Hat man Sinn, Zweck und Zielsetzung vom Projekt wirklich erkannt und zur Grundlage der Konzeption gemacht, kommt anschließend der gute Geschmack ins Spiel. Die Priorisierung in der Herangehensweise hilft, die Gedanken aufzuräumen und das Konzept in kraftvolles und effektives Design umzuwandeln. Daher ist mein erster Lösungsschritt für eine wirkungsvolle Begegnung: Verstehe, was dein Kunde wirklich braucht!

MIRALEE bietet effektives Grafik Design für Marken, Medien und Produkte mit Schwerpunkt auf einer nutzerorientierten und wertstiftenden User Experience. Sie liebt es immer wieder neue Dinge zu entdecken: sei es beim Fotografieren, Reisen oder Kochen. www.miralee.de

DER GESCHMACKS-SINN ERMÖGLICHT DIE INTIMSTE UND ESSTHETISCHSTE BEGEGNUNG MIT MIR SELBST UND DER WELT.

09__JÖRG/SELLERBECK
KONZEPTIONER&KOCH&ARCHITEKT

Was macht eine wirkungsvolle Begegnung aus?

Betrachte ich eine wirkungsvolle Begegnung mit einem scharfen Blick durch die „Geschmacks-Brille", muss ich zuerst die besondere Beziehung des Geschmackssinns zum Begegnungsraum und ein erweitertes Verständnis des Begriffs der „Begegnung" erwähnen. Der Begriff „Begegnung" ist dann mit besonderer Sorgfalt zu genießen. Der Geschmackssinn unterscheidet sich von den anderen Sinnen insbesondere durch das „in den Mund Nehmen" und damit in seinem Verhältnis zum Begegnungsraum und dem zu begegnenden Anderen. Während Visuelles, Sound und Duft selbstverständlich im Raum wahrgenommen werden, findet der Geschmackssinn hier praktisch keine Anwendung. Vordergründig entfaltet der Geschmackssinn seine Wirkkraft in seinem ganz eigenen Raum – dem Mundraum. Um hier Begegnungen stattfinden zu lassen, muss der „Begegner" aktiv werden und das zu begegnende Andere muss für eine Einverleibung geeignet sein. Eine Begegnung im Sinne der gustatorischen Wahrnehmung schmeckenderweise erleben zu wollen, setzt immer eine Verinnerlichung voraus. Diese berührt direkt und zergeht sprichwörtlich auf der Zunge. Der Geschmackssinn ermöglicht die intimste und essthetischste Begegnung mit mir selbst und der Welt. In jedem Bissen begegnen wir gesellschaftlichen, ökonomischen, ökologischen, kulturellen, politischen, ethischen und ästhetischen Zusammenhängen als essbare Metaphern.
    Der Geschmack, zusammen mit den Geruchsinformationen als wichtigste Zutat der gustatorischen Wahrnehmung, hat eine essentielle Gabe uns zu berühren und eine komplexe Welt-Selbst-Kommunikation zu gestalten.

Worauf ist bei der Gestaltung einer Begegnung zu achten?

Der Geschmackssinn komplettiert das multisensorische Instrumentarium einer gestalteten Begegnung und rundet die sinnliche Wahrnehmung ab. Dabei spielen alleine schon beim Schmecken alle Sinne zusammen. Geschmack ist die Summe aller Sinneseindrücke, die ausgelöst werden, wenn wir Essen in den Mund nehmen. Dieses Zusammenspiel der Sinne wirkt auch unterstützend bei der Entscheidung, ob wir überhaupt etwas in den Mundraum aufnehmen wollen. Mit diesem reichhaltigen Spektrum einer vollmundigen Synästhetik und aktivierten Sinnlichkeit kann der Geschmack Begegnungen wirksam bereichern. Die Sinnlichkeit des Essens verbindet Menschen und Kulturen und belebt die Kommunikation. Gemeinsame Mahlzeiten mit feinen Gaumenfreuden innerhalb einer Tischgesellschaft bieten die ideale Bühne für ein geselliges Zusammensein in Glückseligkeit.

Ist die Mahl-Choreografie im Rahmen von Verköstigungsevents so gestaltet, dass sie eine Geschichte erzählt, hat die Kulinarik als Kommunikationsmedium die Kraft, als zielführende Maßnahme zur Vermittlung von Inhalten und Botschaften, Begegnungen sinnstiftend zu provozieren.

Was sollte ich für meine nächste Begegnung beachten?

Binde die Gäste in eine geschmackvolle Mahl-Choreographie ein und lass sie zu Akteuren in einem begegnungsräumlichen Kontext werden, der das Kulinarische mit dem Erzählerischen verbindet. Serviere eine kreative Konzeptküche, die sowohl Ethik und Ästhetik als auch Geschmack und Genuss vermählt und ein Fest der Sinne anrichtet. Auf den Tisch kommen kulinarische Köstlichkeiten, die möglichst regional und ökologisch nachhaltig produziert und fair gehandelt und handwerklich geschmackvoll verarbeitet sind. Wünschenswert ist die Etablierung einer nachhaltigen Esskultur im Sinne der ethisch-politischen Stringenz dieser gastrosophischen Grundgedanken. Ist die Energiewende mittlerweile schon in vielerlei Munde, brauchen wir zur Korrektur der negativen Folgen des globalen Klimawandels eine umfassende Ernährungswende, damit sich auch die folgenden Generationen auf diesem Planeten begegnen können. Genieß, iss!

Jörg Sellerbeck arbeitet von München als freier Konzeptioner / Inhaltsentwickler in dem weiten Feld der Live-Kommunikation. Er ist ausgebildeter Koch und Architekt sowie Gründer des „Labor für angewandte Alltagsliebe_Raumkulinarik". Als Spezialität etablierte er an der Schnittstelle zwischen Kulinarik und Szenografie die Methodologie der „Kulinarik als Kommunikationsmedium". www.raumkulinarik.de

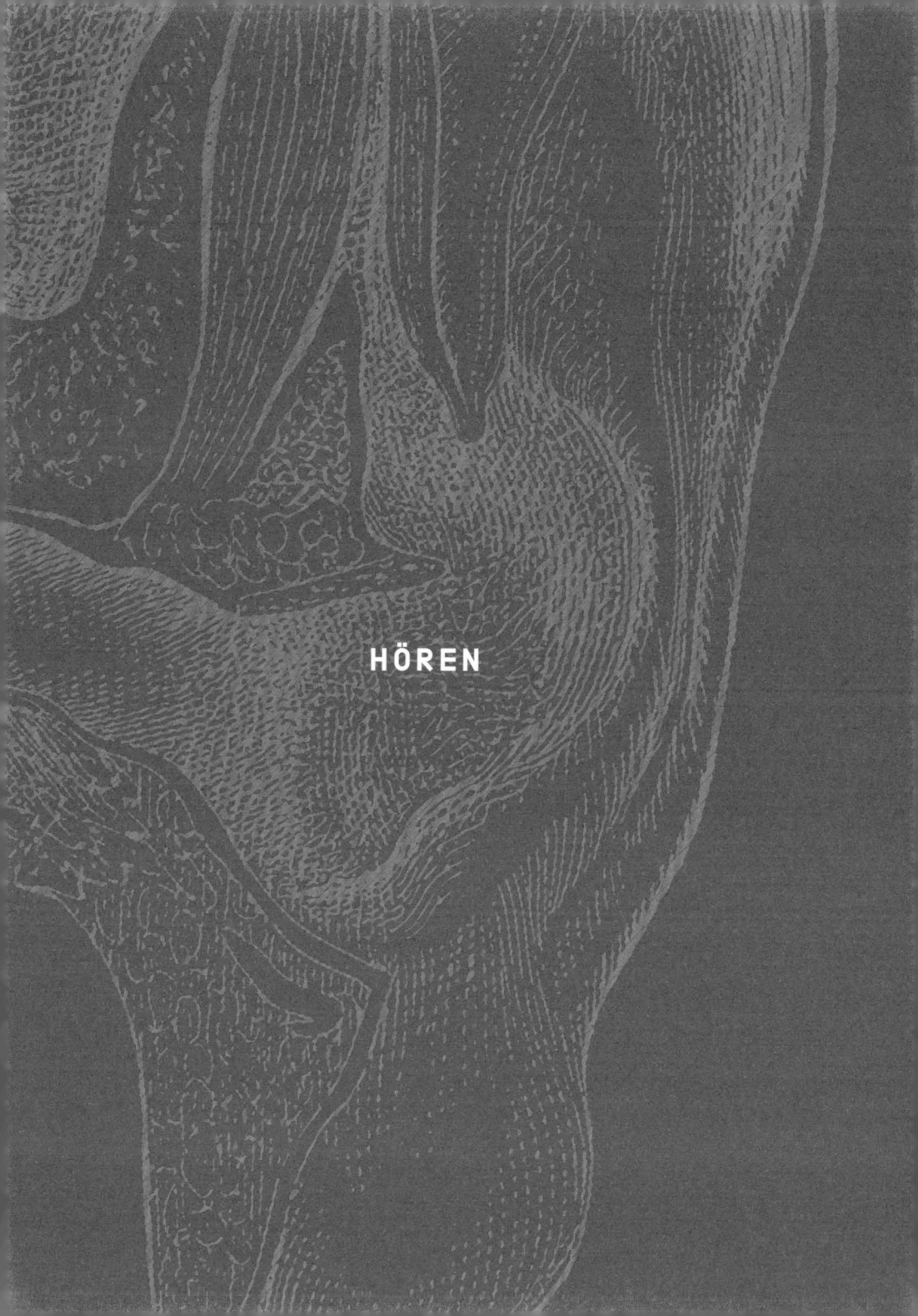

HÖREN

Was macht eine wirkungsvolle Begegnung aus?

Die Intention. Wenn sich meine Intention darauf richtet, dass ich den Fokus auf den Menschen lege, dem ich begegne – auf seine Bedürfnisse, seine Wünsche, seine Vorstellungen – wenn ich also meinem Gegenüber einen Mehrwert biete, wird die Begegnung per se wirkungsvoll. In meinem Kontext als Sprecher hat das viel mit dem gesprochenen Wort, mit Sprache in Verbindung mit Musik, Soundeffekten und akustischem Design zu tun. Die Stimme verrät nicht nur die gesamte Bandbreite der Emotionen, sie ist auch in der Lage diese beim anderen auszulösen. Grund ist die Fähigkeit des Menschen, Empathie zu empfinden. Hören wir jemanden lachen, hellt sich unser Gesicht auf. Schreit uns jemand an, legen wir die Stirn in Falten. Wenn Informationen rein akustisch wahrgenommen werden, kommt es zu einem faszinierenden, psychologischen Phänomen: der inneren Simulation. Hören wir z.B. am Telefon eine traurige, belegte Stimme, stellen wir uns – fast immer unbewusst – darauf ein und antworten in ähnlich trauriger Stimmlage. Dabei nimmt sogar die Belegtheit unserer Stimme zu, wie Studien zeigen. Wenn wir um diese unbewussten Mechanismen wissen, können wir sie nutzen, um Begegnungen wirkungsvoller zu gestalten.

Worauf ist bei der Gestaltung einer Begegnung zu achten?

Authentizität ist Trumpf. Das künstlich Erschaffene muss „echt" sein. Das klingt zunächst nach einem Widerspruch, doch die Zuhörer und Zuschauer spüren sofort, ob die Haltung, mit der man ihnen begegnet, echt ist.

Unser Gehirn verarbeitet Geräusche in Bruchteilen von Sekunden und misst ihnen genauso schnell Bedeutungen zu. Wir hören ständig, auch im Schlaf. Wir hören dreidimensional, sogar um die Ecke und viele Zwischentöne. Das meiste hören wir nicht bewusst. Nur etwa fünf Prozent hören wir bewusst. Für den Großteil stellen wir uns, im wahrsten Sinne des Wortes,

„taub". Doch wenn wir wollen und unsere ganze Aufmerksamkeit auf das akustisch Wahr-
nehmbare richten, hören wir alles. Der Hörsinn lässt sich nur schwer täuschen. Um das Hör-
erlebnis für die Zuhörenden stimmig und stimmlich zu gestalten, ist meine (Sprech-) Haltung
entscheidend. Jede Produktion erfordert eine andere. Wer sind die Menschen? Was sind
ihre Erwartungen? Was will ich erreichen? Wie will ich sie berühren? Will ich sie begeistern,
faszinieren oder zu Tränen rühren? Der Dialog mit dem Auftraggeber, dem Regisseur oder
dem Eventgestalter ist dabei der erste Schritt. Und die allererste Frage lautet: Was ist
unsere Intention?

Was sollte ich für meine nächste Begegnung beachten?

Frage dich vor der nächsten Begegnung: Was ist meine Intention? Wie soll sich mein Gegenüber fühlen? Wie will ich mich selbst fühlen? Was ist das bestmögliche Ergebnis der Begegnung? Je nach Anlass kann das natürlich ganz unterschiedliche Intentionen mit sich bringen.
Eine Gehaltsverhandlung erfordert eine andere als ein romantisches „erstes Date". Je klarer
meine Intention ist, je lebendiger ich das bestmögliche Ergebnis vor Augen habe, desto
erfolgreicher und erfüllender wird die Begegnung. Ich selbst nutze oft einfache Schlagworte,
die ich mit konkreten „wenn-dann-Aktionen" verknüpfe. Ein Beispiel: Jedesmal WENN ich
heimkomme und meinen Haustürschlüssel ins Schloss stecke (also unmittelbar vor der Begegnung mit meiner Frau und unseren vier Kindern), DANN sage ich mir drei Worte zur Erinnerung (meine Intention): „love", „care", „support". Seitdem ich dies tue, ist jede Begegnung mit
meinen Lieben eine andere – eine viel bessere. Probier' es bei deiner nächsten Begegnung
aus! Frage dich: Was ist jetzt, für diese bevorstehende Begegnung, meine Intention?

Sprecher Thomas Friebe, ist u.a. die Stimme von „Wer wird Millionär?" und bekannter Figuren aus Blockbusterspielen
wie Assassin's Creed, WOW und COD. Er spricht Imagefilme, Werbung und Eventopener, coacht Führungskräfte und
Redner für Auftritte und begeistert als Speaker auf der Bühne. Aktuelles Thema: Endlich LampenfieberFREI!
www.thomasfriebe.de

WISSEN,
WO MAN
AUFHÖREN
MÖCHTE,
NOCH BEVOR
MAN ANGE-
FANGEN HAT
ZU REDEN.

Was macht eine wirkungsvolle Begegnung aus?

Das Ohr nimmt bewusst und unbewusst alle Geräusche um uns herum wahr. Wie bewundernswert, wie viel in dieses kleine Organ hereinpasst und wie es ein sanft dahin gehauchtes „Ich liebe dich" in Gänsehaut am ganzen Körper umwandeln kann! Für manche reicht der bloße Klang des Meeresrauschens, um sich vollends zu entspannen – selbst hunderte Kilometer vom Meer entfernt. Das Ohr ist immer auf Empfang und sollte stets rücksichtsvoll behandelt werden. Es kann manchmal besser „sehen", als die Augen selbst: Als Radiomoderatorin ist es meine Aufgabe, für „Kino im Kopf" zu sorgen. Mit den richtigen Adjektiven, der passenden Tonlage und Lautstärke in der Stimme, spielt sich beim Rezipienten ganz automatisch eine Geschichte im Kopf ab, die mit den buntesten Farben untermalt ist.

Auf meinen Weltreisen habe ich außerdem gelernt: Wer mit dem Herzen spricht, wird auch vom Gegenüber verstanden, selbst wenn man nicht derselben Sprache mächtig ist.

Worauf ist bei der Gestaltung einer Begegnung zu achten?

Wer Menschen mit dem gesprochenen Wort erreichen will, sollte authentisch sein. Nicht selten entlarvt die Stimme selbst Profis schon durch eine minimal zu hohe Tonlage oder durch leichtes „Flattern". Es fällt auf, dass etwas nicht passt. Runtergerasselte, vorher aufgeschriebene Worte werden dann schnell leblos und verpuffen. Ein häufiges Phänomen bei Veranstaltungsmoderatoren ist: Sie sprechen viel zu laut in das Mikrofon – die Ohren der Empfänger machen dann bereits nach kurzer Zeit automatisch „dicht".

Die richtige Atmung und eine korrekte Körperhaltung – mit beiden Beinen fest am Boden – sind Grundvoraussetzungen, um seiner Stimme den korrekten Raum zu geben und sie zur vollendeten Entfaltung zu bringen. Auch sollten wir uns häufiger die Frage stellen, ob unsere Worte WIRKLICH relevant sind oder doch – wie so oft – nur eine Lücke füllen sollen. Weniger ist oft mehr!

Was sollte ich für meine nächste Begegnung beachten?

Das Ohr wird einerseits von vielen unterschätzt, oft nicht aktiv wahrgenommen und andererseits heute von ständiger „Hintergrund-Dudelei" viel zu sehr überfrachtet.

Wenn man bedenkt, dass winzigste Härchen darüber entscheiden, ob und was wir hören, sollten wir grundsätzlich sensibler mit diesem Sinnesorgan umgehen. Viel zu unbedarft posaunen wir laut etwas heraus. Viel zu schnell sind Worte salvenartig dahingesagt. Viel zu häufig ist das Gehörte schlichtweg zu mächtig für unser Ohr, um es stressfrei zu verarbeiten. Deswegen: Tief durchatmen, bevor man etwas zu sagen hat! Wissen, wo man aufhören möchte, noch bevor man angefangen hat zu reden. Und: Die Macht des Schweigens ist nicht zu unterschätzen und ruhig mal anzuwenden – denn auch Stille ist eine Botschaft für das Ohr.

Reike Bargmann: In Niedersachsen geboren, auf dem Land groß geworden, in Leipzig Amerikanistik, Biologie und Journalistik studiert, alles für ein Volontariat beim Radio hingeschmissen. Fünf Jahre Privatradio, dann zur ARD gewechselt und zuletzt bei „Bremen Vier" die Morgenshow moderiert. Eineinhalb Jahre Weltreise, aktuell wohnhaft bei Hamburg in der Nordheide. Moderiert gerne vor Menschen. Liebt Hühner. Und Kanada. www.riekebargmann.de

Was macht eine wirkungsvolle Begegnung aus?

Wenn ich einer inspirierenden Person begegne, habe ich noch lange einen „Herzwurm" von ihr. Durch Zimmer und Türen hindurch begleitet mich die Erinnerung an das Treffen wie ein Ohrwurm. Die Person ist nicht spurlos an mir vorbeigegangen, sondern hat irgendetwas in mir bewegt, dass in mir die Lust auf ein Wiedersehen geweckt hat.

Fast alle Menschen, mit denen ich regelmäßig zusammenarbeite, haben mich erst einmal ganz unabhängig von ihren fachlichen Kompetenzen inspiriert. Erst durch die bestehende Freundschaft haben sich dann ganz unverhoffte Win-win-Situationen ergeben, die die Freundschaft nicht ersetzt, sondern bereichert haben.

Worauf ist bei der Gestaltung einer Begegnung zu achten?

Wenn ich einer neuen Person begegne, ist es mir stets wichtig, sich auf Augenhöhe zu begegnen. Dabei ist es mir gleichermaßen unangenehm, wenn sich mein Gegenüber minderwertig oder überlegen gibt. Menschen, die sich chronisch unterschätzen, verpassen die Chance auf großartige Zusammenarbeit mit Persönlichkeiten, die nur scheinbar unerreichbar sind. Wer sich wiederum chronisch selbstüberschätzt, wird blind für die Begabungen anderer und vergisst, dass nicht selten die kleinen Schlüssel große Türen öffnen können.

Was sollte ich für meine nächste Begegnung beachten?

Es ist nichts Verwerfliches daran, mit einer Person auch nach wiederholten Treffen beim Smalltalk zu bleiben und sich mit persönlichen Themen bedeckt zu halten. Schaue ich mir jedoch die Schar der guten Freunde an, die ich im Laufe der letzten Jahre gewonnen habe, stelle ich eine Gemeinsamkeit fest: Wir antworten uns nicht mit Floskeln, wenn wir merken, dass unser Gegenüber von Herzen redet.

Wer Samuel Harfst bereits live erlebt hat, weiß, dass er in keine Schublade passt. Ein Straßenmusiker, der es ins Vorprogramm von Whitney Houston schaffte. Ein belesener Schreiber, der nichts mit Noten anfangen kann. Ein kritisch denkender Künstler auf der Suche nach dem göttlichen Funken. Er lebt mit Frau und drei Kindern bei Gießen. www.samuelharfst.de

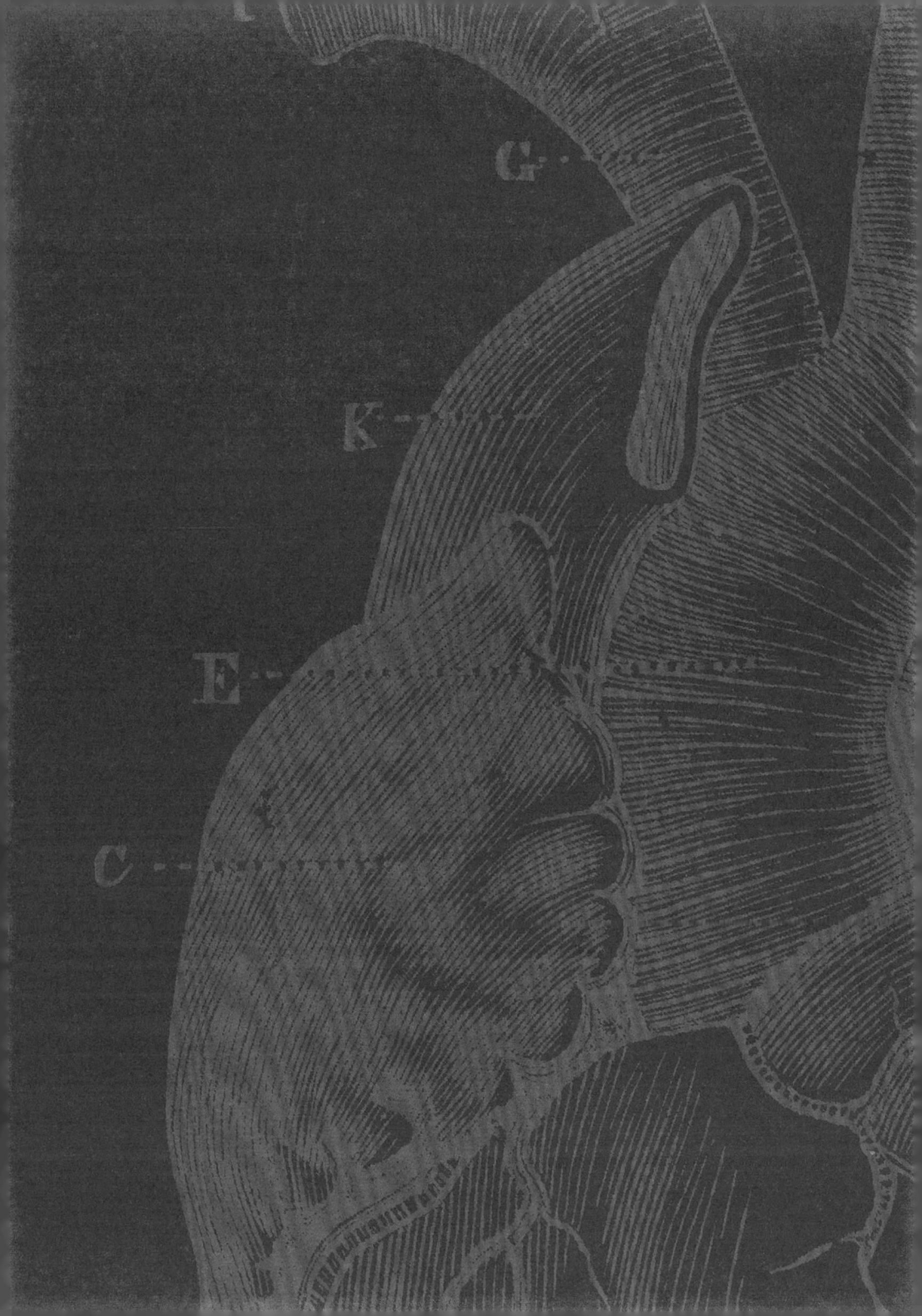

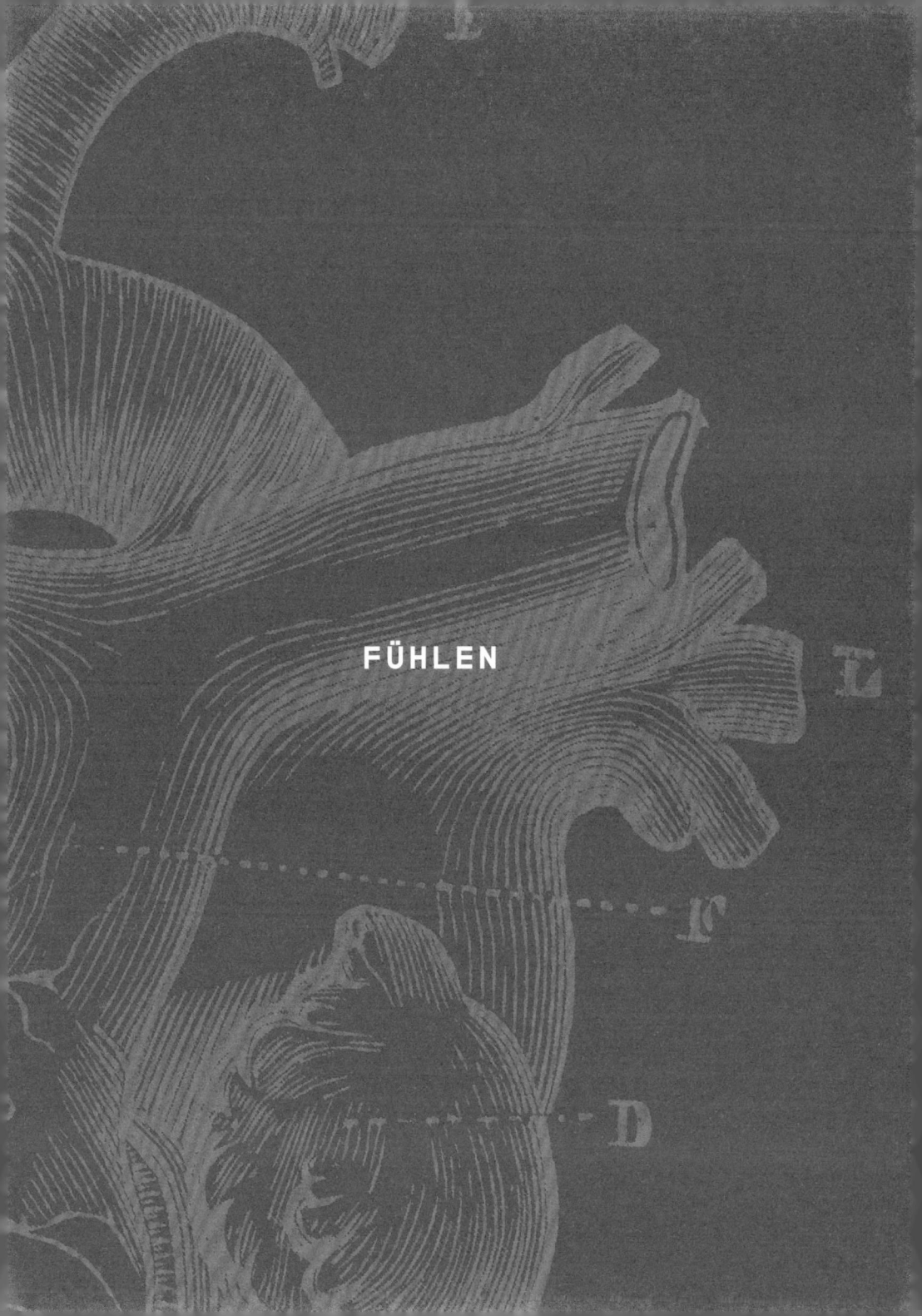

FÜHLEN

Eine
Begegnung
im
Wortsinn
ist für
mich
nur
wirkungsvoll
denkbar.

Was macht eine wirkungsvolle Begegnung aus?

Eine Begegnung im Wortsinn ist für mich nur wirkungsvoll denkbar. Anders als ein „Treffen"
– ob zufällig oder geplant – bei dem vielleicht nicht mehr passiert, als dass zwei Menschen
einander über den Weg laufen. Eine wirkungsvolle Begegnung bedeutet für mich, dass zwei
Menschen einander als wertvolle Ergänzung willkommen heißen und sie im Miteinander
Perspektiven gewinnen, die ihnen allein verschlossen geblieben wären.

Worauf ist bei der Gestaltung einer Begegnung zu achten?

Die Begegnung mit den Parteien vor Gericht ist nicht nur durch die Robe, sondern auch durch
die Formalien einer Verhandlung auf Distanz angelegt. Dazu gibt es ein Erfahrungsgefälle:
Während der Richter ständig verhandelt, ist für die meisten Parteien eine Gerichtsverhand-
lung ein einmaliges Ereignis. Wie komme ich unter diesen Rahmenbedingungen zu einer
wirksamen Begegnung, die hilft, den Konflikt zu lösen und Rechtsfrieden zu stiften? Streit
braucht einen sicheren Rahmen! Zu einem wirksamen Ausfechten unterschiedlicher Positionen kommt es deshalb nur, wenn ich als Richterin den Parteien mit ehrlicher Wertschätzung
begegne. Hierzu gehört es, inmitten meiner beruflichen Routine, die große Bedeutung zu
verstehen, die das Gerichtsverfahren für die Partei haben mag. Entscheidend ist auch, das
Anliegen der Parteien zu verstehen, das sich hinter den juristischen Argumenten verbirgt.

Während die eine unbedingt gewinnen will, hat der andere vor allem das Bedürfnis seine Version der Geschichte zu erzählen. Der Dritte weiß, dass er keinen Erfolg haben kann, möchte aber wenigstens sein Gesicht wahren. Nur wenn ich bereit bin, diese Bedürfnisse wahrzunehmen, gelingt die Begegnung vor Gericht. Wertschätzung ist hierbei nicht ein strategisches Werkzeug, sondern eine Herzenshaltung, die trainiert sein will – zum Beispiel in der Art, wie ich mit meinen Kollegen über den Fall und seine Beteiligten rede.

Was sollte ich für meine nächste Begegnung beachten?

Sei präsent und mutig!
_ Warum präsent? Damit ein Treffen zur Begegnung wird, braucht es zwei Personen. Eine der beiden bin ich – aber so oft bin ich selbst gar nicht präsent. Deshalb versuche zunächst einmal, selbst mit allen Sinnen bei deinem Gegenüber anzukommen und ihn oder sie wahrzunehmen. Hinschauen und Hinhören – die Gedanken an die anstehenden Erledigungen genauso auf lautlos schalten wie das Smartphone.
_ Warum mutig? Oft wird wirkliche Begegnung verhindert durch mein persönliches Kopfkino über die wahren Gedanken und Beweggründe der Person. Diese Vermutungen darfst du getrost zur Seite legen und den Mut fassen, ganz ehrlich nachzufragen. Es ist erstaunlich, wie eine einfache Frage Mauern der Vermutungen einreißen und den Raum für Begegnungen öffnen kann.

Dr. Gesine Berthold ist aufgewachsen im Ruhrgebiet und war nach ihrer juristischen Ausbildung in Freiburg und Lausanne zunächst in der Entwicklungszusammenarbeit tätig. Sie lebt mit ihrem Mann und vier Kindern im Raum Stuttgart.

MICH FASZINIEREN MENSCHEN, DIE EHRLICH AUCH ÜBER IHR SCHEITERN SPRECHEN.

Was macht eine wirkungsvolle Begegnung aus?

Dieses Bild vergesse ich nie: Donald Trump schiebt auf dem Nato-Gipfel den Premierminister von Montenegro beiseite, um selbst in der ersten Reihe zu glänzen. Diese Begegnung war wirkungsvoll, aber in den Augen der anderen Politiker und der Öffentlichkeit ausgesprochen schädlich. Eine herzliche Begegnung hat viel mit mir selbst und meinem Wertesystem zu tun: „Achte den anderen höher als dich selbst" – diese Empfehlung für ein gutes Zusammenleben steht bereits im Neuen Testament. Nur wenn ich vorlebe, was ich mir von anderen wünsche, bin ich glaubwürdig und authentisch. Dazu zählt auch, zu eigenen Fehlern zu stehen und zuzugeben, wenn ich Mist gemacht habe.

Worauf ist bei der Gestaltung einer Begegnung zu achten?

„Wir werden als Originale geboren und sterben als Kopie", sagte Ernst Niebergall. Viele Menschen kopieren den Lifestyle anderer und bilden keinen eigenen aus. Angestellte tragen oft einen Einheitslook zwischen grau, schwarz und dunkelblau. Natürlich geben Dresscodes Sicherheit, doch sie wirken wie eine Uniform. Deshalb: Nimm dir die Zeit, um über Originalität nachzudenken, auch bei der Kleidung! Hab den Mut, bei einer Begegnung auch aus der Gruppe „herauszustechen". Suche originelle Details in der Garderobe, die in Erinnerung bleiben.

Was sollte ich für meine nächste Begegnung beachten?

Bei vielen Begegnungen werden nur Erfolge zur Schau gestellt. Mich faszinieren Menschen, die ehrlich auch über ihr Scheitern sprechen. Nach meiner Beobachtung wirken Menschen, die bei einer Begegnung offen ihre Schwächen zugeben, selbstbewusst und authentisch. Man kann auch im Kleinen anfangen, etwa im Freundeskreis, und dort seine Schwächen zugeben. Damit schafft man ein Klima, in dem sich auch andere öffnen. Es ist erleichternd, wenn man kein Theater spielen muss und offen über Defizite sprechen kann. Vor allem, wenn der Humor einsetzt und man zusammen darüber lachen kann.

Rainer Wälde berät Unternehmer bei ihrer Positionierung im Internet und veröffentlicht jede Woche auf seinem Blog praktische Tipps zum authentischen Auftritt: www.rainerwaelde.de Mit seiner Frau Ilona leitet er die hessische Gutshof Akademie als Zentrum für Sinnsucher und Sinnstifter: www.gutshof-akademie.de

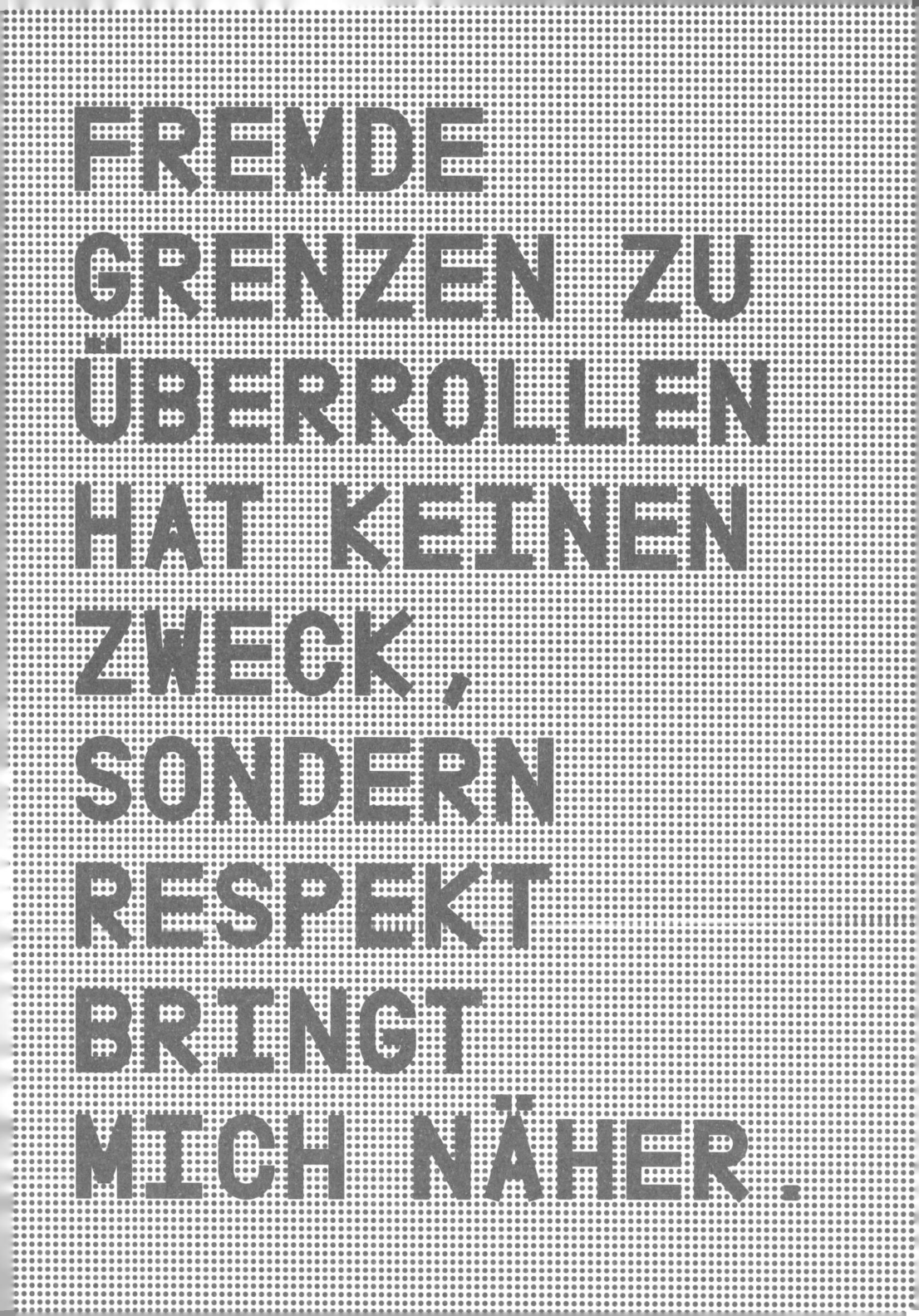

FREMDE
GRENZEN ZU
ÜBERROLLEN
HAT KEINEN
ZWECK,
SONDERN
RESPEKT
BRINGT
MICH NÄHER.

Was macht eine wirkungsvolle Begegnung aus?

Gefühl ist die Essenz von Wirkung. Es gibt keine Wirkung ohne Gefühl. Ich fühle meinen Körper, den Ausdruck der anderen Person und mich selbst in meiner inneren Reaktion. Eine Geschichte zur Verdeutlichung: Ich sitze etwas ungemütlich auf der durchgesessenen Matratze auf dem Boden der notdürftigen Unterkunft von Nada und ihrem Mann. Wir sind inmitten einer Baustelle ohne Fensterscheiben. Ihre zweijährige Tochter spielt zwischen dem Schutt, den herumliegenden Schrauben und Glasscherben. Im oberen Stockwerk hämmert ein Bauarbeiter. Mein Beruf hat mich oft zu solchen emotionalen Begegnungen geführt. An welche dieser Begegnungen erinnere ich mich und warum?

Nada hatte ein sehr junges Gesicht und ich fühlte ihre Vitalität hinter ihrer konservativen Zurückhaltung. Wie in so vielen anderen Situationen mit Menschen, ging ihre Austrahlung direkt in mein Herz: Unsicherheit, Erschöpfung, Verletztheit, etwas Hoffnung durch die Begegnung mit mir und Freude, gesehen zu werden. Diese Gefühle vertiefen sich in mir durch ihre Geschichte während einer Tasse Tee – „Soldaten kamen in mein Haus, als ich mit meiner Tochter alleine war." – und füllen mich mit Schrecken, Ärger und Empathie. Für Frauen und Mütter wie Nada will ich kämpfen!

Aber auch Gefühle von Distanz wirken tief auf mich. Manchmal muss ich meine Werte auf die lange Bank legen. Ich empfinde zum Beispiel Fremdheit, wenn mir Männer im Nahen Osten nicht die Hand reichen, mich ignorieren oder im anderen Teil des Hauses sitzen.

Und doch ist es genau diese Fremdheit, die auf mich wirkt. Fremde Grenzen zu überrollen, hat hier keinen Sinn, sondern der Respekt bringt mich näher. Ich entscheide, ob ich in dem Moment bleibe oder mich innerlich entferne. Mich ermutigt zu bleiben, wenn die Situation mit authentischem Inhalt gefüllt wird. Und diese Männer sind authentisch zu mir.

Worauf ist bei der Gestaltung einer Begegnung zu achten?

Begegnung muss authentisch sein. Aufgesetztheit oder fehlender Respekt lenken mich inner-lich vom zentralen Gefühl der Situation ab. Ich fühle dann sowohl das andere als auch mich selbst weniger. Außerdem spüre ich tiefer und nachhaltiger, wenn mein Gefühl durch die Geschichte hinter dem Gefühl bestärkt wird. Dies kann ein gesprochener Satz sein, der Text eines Liedes oder ein Bild. Es forciert meine Empathie, meine innere Fremdheit, Mitfreude, Trauer, Aufregung, Verzweiflung und Hoffnung. Was ist die Geschichte hinter dem Gefühl und wieviel Zeit muss ihr gegeben werden, damit sie tatsächlich die Emotion refektieren kann?

Was sollte ich für meine nächste Begegnung beachten?

Viele große Momente kommen nur zustande, weil man dem ersten Unwohlfühlen oder einem intuitiven Gefühl der Fremdheit nicht gefolgt ist. Es lohnt sich den anderen und sich selbst zu spüren und in der Intensität etwas länger zu verweilen. Mein Schrecken über Nadas Situation und Geschichte blieb, aber hinzu vermischte sich tiefe Freude, als sie kurze Zeit später einen kleinen eigenen Raum, mit Türschloss und Schlüssel, betrat.

Rebecca Sonntag lebt seit zehn Jahren mit ihrem Mann und zwei Töchtern in Amman (Jordanien), wo sie für die Vereinten Nationen, verschiedene NGOs und im Privatsektor gearbeitet hat. Nachdem sie sich einige Jahre auf humanitäre Hilfe in der Syrienkrise konzentriert hat, liegt ihr Fokus nun im Bereich Frauenrechte und Gewalt gegen Mädchen und Frauen im Nahen Osten und in Nordafrika.

EVENT

Am nachhaltigsten funktioniert anders denken immer dann, wenn wir den Mut haben, uns Begegnungen auszusetzen, die unseren vertrauten Horizont durch-brechen.

Was macht eine wirkungsvolle Begegnung aus?

Eine wirkungsvolle Begegnung hat sehr viel mit dem Reisen zu tun. Warum das so ist, hat der Schweizer Autor Max Frisch mal so beschrieben: „Warum reisen wir? Auch dies, damit wir Menschen begegnen, die nicht meinen, dass sie uns kennen ein für allemal; damit wir noch einmal erfahren, was uns in diesem Leben möglich sei – es ist ohnehin schon wenig genug."

Das bedeutet: Eine Begegnung ist dann wirkungsvoll, wenn sie uns aktiviert und dabei hilft, aus dem Gewohnten, Vertrauten, Bequemen herauszutreten und unser Denken zu verändern. Was dann folgt, ist das, was wir Andersdenken nennen. Dafür werben wir mit großer Leidenschaft in unseren Büchern und Vorträgen und machen Menschen Mut, sich darauf einzulassen. Am nachhaltigsten funktioniert das Andersdenken immer dann, wenn wir den Mut haben, uns Begegnungen auszusetzen, die unseren vertrauten Horizont durchbrechen. Das bringt uns an unsere Grenzen. Genau dort, an diesen Grenzen, beginnt das spannende Neuland, das persönliches Wachstum und Weiterentwicklung ermöglicht.

Worauf ist bei der Gestaltung einer Begegnung zu achten?

Wir sind von Berufs wegen häufig auf Events zu Gast. Was uns immer wieder als einer der Kardinalfehler auffällt: Teilnehmer werden – in guter Absicht, aber schlechtem Ergebnis – mit Formaten wie Panels, Vorträgen, Podiumsdiskussionen „zugeschüttet". Es fehlt an Zeit und Raum für gute Gespräche und Begegnungen. Es fehlt an der Gelegenheit, sich selbst einzubringen in interaktiven Formaten. Das heißt, dass neben den „Klassikern" wie Vorträge, Workshops und Diskussionen, andere Formate wie Meetups, Unconference, Pecha Kucha Talks, Fishbowl Conversations, World Cafés oder Silent Discos zur Normalität werden müssen.

Die Zeiten, in denen Events so abliefen, dass ein Publikum in einem geschlossenen Raum mit artigen Stuhlreihen für die Dauer eines Konferenztages interniert war, sind aus und vorbei. Dieses Erfolgsmodell hat seinen Zenit längst überschritten und das ist auch gut so! Die Antwort auf eine immer komplexere und sich verändernde Welt lautet nicht: Frontalbeschallung, Stuhlreihen, Tagungsblocks und Kugelschreiber. Eventgestalter müssen sich viel mehr als kreative Ermöglicher verstehen; als Kuratoren, die einen Raum und einen Rahmen für Entdeckungen, Begegnungen, Entwicklungssprünge und wachsendes Wissen schaffen.

Was sollte ich für meine nächste Begegnung beachten?

Serendipity zulassen! Serendipity bedeutet, etwas oder jemanden Interessantes zu finden, das oder den man eigentlich gar nicht gesucht hat. Es geht also um den offenen Blick des Findenden beim Suchen, im Gegensatz zur eingeschränkten Sicht des Ewig-Suchenden.

Machen wir es konkret. Das größte Problem bei der Suche ist: Wir glauben oft, sehr genau zu wissen, was wir suchen. Wir haben ein festes Bild vom Ergebnis im Kopf und tun uns deshalb oftmals so schwer beim Finden des realen Äquivalents. Aber auch das andere Extrem ist häufig anzutreffen: Menschen, die offen für alles sind, aber eben auch völlig ohne Meinung und ohne Plan. Wer so sucht, ohne auch nur die leiseste Idee zu haben, was er denn eigentlich will, der kann nur ein Ziel haben: niemals zum Ziel zu kommen.

Serendipity ist also kein Warten oder Hoffen, dass das Schicksal es schon richten wird. Auch nicht, dass das Finden einfach so passieren wird. Wir müssen suchen – und zwar achtsam, aber gleichzeitig absichtslos. Zielgerichtet, aber gleichzeitig ergebnisoffen. Denn was gefunden wird, ist unbekannt. Wie ein glücklicher Zufall, bloß dass es nicht wirklich Zufall ist. Die wahren Entdeckungen in unserem Leben kommen überraschend. Wir können sie nicht erzwingen oder beeinflussen. Aber wir können uns doch auf sie vorbereiten: Nur ein wacher Geist wird sie finden.

Anja Förster und Peter Kreuz gehören seit über 15 Jahren mit ihren Vorträgen über Umgangsweisen für Führungskräfte in Zeiten der Digitalisierung zu den Top-Speakern in Europa. Sie geben wertvolle Impulse für verschiedenste Herausforderungen in Aufgaben der Teamleitung – nicht nur in Vorträgen, sondern auch in Büchern (z.B. „Alles, außer gewöhnlich"). www.foerster-kreuz.com

„Vielleicht ist das alle Gemeinsamkeit: an Begegnungen zu wachsen."

Rainer Maria Rilke

Was macht eine wirkungsvolle Begegnung aus?

Jede Begegnung hat eine Wirkung – manchmal eine kleine und manchmal eine, die das ganze Leben verändern kann. Wirkungsvoll ist eine Begegnung, die für den Augenblick wirkt. Wirksam wird die Begegnung, wenn sie nachhallt und in die Zukunft wirkt. Was eine Begegnung im Einzelfall bewirkt, hängt von verschiedenen Faktoren ab. Dabei spielt es keine Rolle, ob man sich in einem kleinen privaten Rahmen oder zum Beispiel in einer großen Veranstaltung begegnet. Wichtig ist, dass man anderen und anderem gegenüber offen und interessiert ist und so der Begegnung die Möglichkeit gibt, Wirkung zu entfalten.

Worauf ist bei der Gestaltung einer Begegnung zu achten?

Begegnungen können spontan oder geplant geschehen. Damit geplante Begegnungen im Rahmen von Veranstaltungen nachhaltig wirken können, braucht es vor allem eine Verständigung über die Teilnehmer und die beabsichtigte Wirkung der Begegnung: Wer begegnet wem? Wem begegnet was? Was soll die Begegnung bestenfalls auslösen? Dieses „Wer" und „Warum" sollte am Anfang jeder Veranstaltungsplanung stehen und immer wieder als Leitgedanke dienen.

Was sollte ich für meine nächste Begegnung beachten?

Jede Begegnung kann einzigartig sein. Es kommt darauf an, wie wir sie gestalten und was wir von ihr aufnehmen. Wie sagte Rainer Maria Rilke: „Vielleicht ist das alle Gemeinsamkeit: an Begegnungen zu wachsen."

Seit über zwanzig Jahren sind Veranstaltungsbegegnungen die berufliche Passion von Miriam Gundlach – angefangen bei einer Agentur im TV-Unterhaltungsbereich über Stationen in klassischen Kultur- und Kunstinstitutionen bis hin zur Robert Bosch Stiftung, wo sie als Leiterin Veranstaltungsmanagement und Operativer Betrieb der Repräsentanz Berlin arbeitet. An Begegnungen faszinieren sie besonders die scheinbar flüchtigen, die das Leben bereichern.

EINE GUTE BEGEGNUNG BRAUCHT VOR ALLEM MENSCHEN, DIE SICH WIRKLICH TREFFEN WOLLEN.

Unsere Sprache ist seltsam. Fast feindselig beizeiten. Wenn Menschen sich treffen, klingt das beispielsweise so, als würde es weh tun, weil jemand getroffen wird. Verbringen sie Zeit miteinander, fragt sich die neutrale Leserin, wohin sie die Zeit wohl verbracht haben. Und beim Wort Begegnung schließlich ist der Gegner ganz laut heraus zu hören. Ich möchte mich daher an dieser Stelle von den mitunter finsteren semantischen Höfen deutscher Worthülsen entfernen und viel lieber darüber schreiben, was es braucht, damit Menschen nicht mehr so oft alleine sind.

Was macht eine wirkungsvolle Begegnung aus?

Beobachtet man Menschen nachdem sie eine besondere Begegnung mit anderen Menschen hatten, so nimmt man eine positiv veränderte Aura wahr. Meist ohne äußerliche Zeichen. Man spürt es – als Beobachter – eher körperlich. Eine sanfte Wärme zieht durch den Bauch und es kribbelt leicht. Man kann den Blick gar nicht abwenden, weil dieser Mensch so schön aussieht. Das ist es, was eine wirkungsvolle Begegnung ausmacht und mit uns macht. Also, daran kann man sie auf jeden Fall im Nachhinein erkennen. Zückt ein Mensch hingegen nach einer Begegnung direkt das Smartphone, um zu checken, ob er etwas verpasst hat, dann waren es wohl doch eher Gegner, die er getroffen hat, um mit ihnen wertvolle Lebenszeit irgendwohin zu verbringen.

Worauf ist bei der Gestaltung einer Begegnung zu achten?

Das Wichtigste ist, WER sich da trifft und WARUM. Eine gute Begegnung braucht vor allem Menschen, die sich wirklich treffen WOLLEN. Menschen, die neugierig aufeinander sind, weil sie Werte und Interessen teilen. Menschen, die etwas bewegen wollen und wissen, dass sie es nur gemeinsam schaffen. Kurz: Menschen, die Lust aufeinander haben. Zu den beiden wichtigsten Aufgaben im Kontext jeder Live-Kommunikation gehören sowohl dieses Matching als auch eine spannende Story. Wenn diese Grundvoraussetzungen fehlen, wird die Begegnung nicht gelingen. Ganz egal, wie gut sie geplant und organisiert ist. Wenn Menschen sich nicht begegnen wollen, weil sie sich nicht mögen oder keinen Sinn darin sehen, kann man sich auf den Kopf stellen. Du wirst das nicht ändern können. Wenn hingegen die richtigen Menschen zusammenkommen und ein für sie relevantes Thema finden, dann genügt eine Wiese im Park oder eine verlassene Bahnhofshalle. Selbst Essen ist dann nicht so wichtig. Alkohol? Auch nicht zwingend. Menschen können sich an Menschen berauschen. Ok, ein paar Flaschen Wasser und etwas Brot vielleicht. Aber nur, falls es länger dauert. JA, ich übertreibe. Um es deutlich zu machen.

Was sollte ich für meine nächste Begegnung beachten?

Beachten ist dafür genau das richtige Wort. Da steckt nämlich die Achtsamkeit drin. Und die sollte zuallererst dir selbst gelten. Wer bist du eigentlich? Was machst du für dein Leben gerne? Was macht dich glücklich? Nein, nicht zufrieden. Glücklich! Und willst du den oder die Menschen wirklich treffen, die du demnächst planst zu treffen? Wenn du die letzte Frage mit „JA UNBEDINGT!" (und nicht „Ja, schon…") beantwortet hast, dann ist die Frage, was bei dieser nächsten Begegnung zu beachten ist, überflüssig. Denn du triffst dich ja nicht mit Menschen, denen du nicht begegnen willst oder denen du wiederum schnurzegal bist. Also ist es ganz einfach: Wenn sich zwei Menschen begegnen, die Lust aufeinander haben, dann achten sie aufeinander. Darüber hinaus müssen Sie gar nichts beachten.

Helge Thomas ist glücklich verheiratet, stolzer zweifacher Vater, manischer Ideensammler, Social-Media-Evangelist der ersten Stunde, Serien-Autodidakt, Filmemacher, Fotograf, Visionär, Besitzer eines fünf Jahrzehnte alten Geschichtenspeichers, den er nur für besondere Menschen öffnet, Morgenmuffel, E-Roller-Fahrer, Herzensfan des SC Freiburg und Kreativdirektor bei ottomisu, einer Agentur für Live-Kommunikation in Heidelberg. www.ottomisu.com

LEADERSHIP

LERNE, AUCH EINMAL ZU SCHWEI-GEN.

Was macht eine wirkungsvolle Begegnung aus?

Gerade in unserer vielbeschäftigten Zeit ist es für mich wichtig, nicht nur physisch anwesend zu sein, sondern wirklich persönlich präsent zu sein. Das bedeutet für mich, sich auf den anderen einzustellen, geistig und gedanklich Empathie zu entwickeln und dem anderen auch richtig zuzuhören. Ich glaube auch, dass es sehr wichtig ist, Herzlichkeit auszustrahlen, um seinen Gegenüber direkt zu berühren. Direkt im ersten Gespräch sollte man komplett ehrlich sein. Dies fördert das Vertrauen für weitere Begegnungen. Nur wenn Vertrauen da ist, kann jeder, sowohl der eine als auch der andere, völlig offen sein.

Wichtig ist immer, sich in die Lage des anderen hineinzuversetzen. Vor allem sollte man allen Menschen gleich entgegentreten – unabhängig davon welchen Rang und welche Position sie haben. Viele Menschen benehmen sich im Umgang mit Autoritäten ganz anders und sind nicht sie selbst.

Kommen wir zu einem ganz wichtigen Faktor: Lass deinen Gegenüber ausreden und höre ihm zu! Falle ihm nicht ins Wort und denke nicht schon daran, was du ihm entgegnen willst, während der andere noch redet. Dies wäre eine Form von Egoismus und schädlich für eine gute Begegnung.

Worauf ist bei der Gestaltung einer Begegnung zu achten?

Gib deinem Gegenüber die Hand und schaue ihn an. Ich versuche jeden persönlich zu begrüßen, wenn ich in eine Kabine komme und dort 20 Spieler sitzen. Genauso ist es, wenn man sich zu einem gemeinsamen Frühstück trifft. Meistens erhalte ich durch das persönliche Begrüßen schon ein Gespür und Antennen für die Stimmungslage einzelner, sowie der ganzen Gruppe. Sorge, wenn möglich, vor Begegnungen für persönliche Ruhe. Es ergibt keinen Sinn eine Begegnung zu vereinbaren, wenn du vorher weißt, dass du aus einer stressigen Situation kommst. Versuche dich vorher immer wieder zu sammeln. Dein Gegenüber weiß nicht um deine Situation.

Ganz entscheidend ist es, dich nicht zu verstellen. Sei gleich von Beginn an authentisch, denn dadurch wird die Begegnung zunehmend entspannter. Denke an das Sender-Empfänger-Modell! Wichtig ist nicht, wie der Sender sich fühlt, sondern was und wie es beim Empfänger ankommt. Ich kann höchst zufrieden aus einer Begegnung herausgehen, während bei meinem Gegenüber die Dinge nicht so angekommen sind, wie ich sie in meiner Ich-Bezogenheit wahrnehme.

Was sollte ich für meine nächste Begegnung beachten?

Vorneweg: Lerne auch einmal zu schweigen. Eine Phase der Sprachlosigkeit kann in einer Begegnung angenehm und wertvoll sein. Viele Menschen meinen ein Gespräch immer am Laufen halten zu müssen und stressen damit sich selbst und die anderen.

Bereite dich auf eine Begegnung vor. Wenn es möglich ist, dann sprich vorher mit Leuten, die die Person, der du begegnest, kennen. Dies gilt natürlich nicht für spontane Begegnungen. Als gläubiger Mensch kann ich vor der Begegnung beten und Gott um Ruhe, Gunst und Führung bitten. Wenn Du willst, erzähle deinem Gegenüber etwas persönliches von dir (von deiner Familie bzw. Kindern). Dies kann schnell eine Verbindung schaffen.

Wenn möglich, sei ein Stück unberechenbar und überrasche deinen Gegenüber mit unerwarteten Aussagen oder Reaktionen, insbesondere im positiven Sinne. Dies erhöht die Aufmerksamkeit und die Wachsamkeit. Ganz wichtig: Achte darauf, dass du nicht abgelenkt wirst. Ein Beispiel hierfür ist, wenn alle Beteiligten ihr Handy ausschalten und in die Tischmitte legen (entwaffnen).

Als Diplom-Sportlehrer und lizenzierter DFB-Fußball-Lehrer trainierte Frank Schäfer mehrere Jahre – mit Unterbrechungen – die erste und weitere Mannschaften des 1. FC Köln. Nun leitet er das Nachwuchsleistungszentrum von Fortuna Düsseldorf.

Was den einen inspi-rieren und rieren und motivieren kann, kann den anderen erschrecken und über-fordern.

Was macht eine wirkungsvolle Begegnung aus?

Das Wichtigste an einer wirkungsvollen Begegnung ist für mich Inspiration. Dieses Gefühl, dass mich mein Gegenüber wirklich berührt und überzeugt hat von seiner Idee, seiner Vision, dass er mich mitgenommen hat auf seine Reise und, dass auch ich etwas dazu beitragen kann, dass wir an unserem gemeinsamen Ziel ankommen. Das ist ein Gefühl, das mich langfristig begleitet, von dem ich lange zehren kann. Etwas, auf das ich mich berufen kann, an das ich mich wieder erinnere, wenn ich selbst nicht weiterkomme.

Als Führungskraft ist es wichtig, meine Mitarbeiter zu inspirieren. Ich möchte immer aus jedem das Beste herausholen und dafür sorgen, dass jeder sein volles Potenzial entfalten kann. Die Art und Weise ist bei jedem individuell verschieden. Was den einen inspirieren und motivieren kann, kann den anderen erschrecken und überfordern. Was für den einen einen großen Schritt aus der Komfortzone bedeutet, langweilt den anderen vielleicht nur. Um eine Begegnung wirkungsvoll zu gestalten, muss ich daher darauf achten, welche Bedürfnisse mein Gegenüber hat. Was braucht er – insgesamt gesehen und im Moment? Inspiration entsteht dann, wenn ich meinem Gegenüber das Gefühl gebe, ihn zu verstehen, an welchem Punkt er sich befindet, wenn ich seine Ängste und Befürchtungen, aber auch seine Ansichten und Wünsche erkenne und diese dann um einen visionären Ausblick ergänze.

Worauf ist bei der Gestaltung einer Begegnung zu achten?

Da für mich das Thema Inspiration eine wichtige Rolle spielt, besteht die Frage für mich darin, wie man diese erzeugen kann. Egal, ob wir von einem persönlichen Gespräch oder einer Massenveranstaltung sprechen, es sind immer zwei Dinge wichtig: Die Atmosphäre und der Inhalt.

Bei einer persönlichen Begegnung spielt zum Thema Atmosphäre die Ausstrahlung der Personen eine wichtige Rolle. Wie tritt mein Gegenüber auf? Wie ist er gekleidet? Wie drückt er sich aus? Besteht schon eine Historie zwischen uns oder begegnen wir uns zum ersten Mal? Wo treffen wir aufeinander? Diese Themen lassen sich auch gut auf Großveranstaltungen übertragen: Wie sind die Räumlichkeiten gewählt und wie sind diese ausgestattet?

Hören wir Musik? Was riechen wir? Wie werde ich geleitet und werde ich überhaupt geleitet? Bei wiederkehrenden Veranstaltungen bestehen möglicherweise gewisse Rituale, die die Anwesenden verbinden.

Nach dieser ersten Sammlung von bewussten und unbewussten Eindrücken kommt es auf den Inhalt an. Spricht dieser mich grundsätzlich an, ist er interessant und relevant für mich? Wie ist der Inhalt aufbereitet? Trifft ein gut aufbereiteter, für mich relevanter Inhalt auf eine für mich angenehme Atmosphäre, dann stehen die Chancen gut, dass ich mich inspiriert fühle. Dann ist es möglich, dass ich ein gutes Gefühl mitnehme und noch lange von dieser Begegnung zehre.

Was sollte ich für meine nächste Begegnung beachten?

Für die kommenden Begegnungen sollte man sich darauf konzentrieren – Überraschung! –, Inspiration zu erzeugen. Und hierbei besonders darauf achten, dass man eine angemessene Atmosphäre herstellt und einen relevanten Inhalt vermittelt. Ich sage deshalb „angemessene" Atmosphäre, weil diese sich natürlich stark unterscheiden kann, je nachdem welchen Zweck ich verfolge. Will ich ein kritisches Einsparprogramm ankündigen, sollten auf der Speisekarte keine Kaviarhäppchen zu finden sein. Möchte ich Erfolge feiern, sollte es nicht nur Mineralwasser zu trinken geben.

Es ist es also wichtig, sich vorab zu fragen, welcher Grund die Menschen dazu bringt, eine Begegnung zu initiieren. Wenn ich den Grund bzw. den Hintergrund kenne, kann ich sowohl mein Anliegen darauf abstimmen, also den Inhalt entsprechend vorbereiten, als auch für einen angemessenen Rahmen sorgen.

Je besser ich meine Zielgruppe kenne und mich mit ihren Hintergründen und Bedürfnissen, mit ihren Ansichten und Positionen auseinandergesetzt habe, desto gezielter kann ich die Begegnung vorbereiten. Denn natürlich möchte ich mit meiner Begegnung auch meine Ziele erreichen. Wenn ich das durch Inspiration schaffe, ist das für alle eine wirkungsvolle Begegnung.

Sabrina von Eynatten ist mit Leib und Seele Kommunikatorin. Es begeistert sie, was man mit guter Kommunikation alles schaffen kann. Seit einigen Jahren beschäftigt sie sich außerdem mit den Themen Führung und Kulturwandel. Auch hier kann Kommunikation ein echter Gamechanger sein.

HERZ ÖFF- NEN

PERSONALBERATER

Eine wirkungsvolle Begegnung sollte immer eine Frucht hinterlassen in Form einer neuen Erkenntnis, einer Erfahrung oder eines Impulses bei den Menschen, denen man begegnet. Nach vielen Gesprächen im Laufe der letzten Jahre mit Menschen auf allen Ebenen scheinen mir vier Bedingungen notwendig:

_ Herz öffnen: Oft bin ich mit bestimmten Gedanken in ein Gespräch gegangen und habe dadurch die Begegnung in eine bestimmte Richtung beeinflusst. Ich sollte vielmehr mein Herz ganz für die Person(en) öffnen und keine Vorurteile oder Vorannahmen mit in die Begegnung bringen.

_ Volle Konzentration auf die Begegnung: Wer Kinder hat, kann sich sicher an Momente erinnern, in denen man mit den Kindern gespielt hat, mit den Gedanken aber ganz woanders war. Kinder (und natürlich auch Erwachsene) merken sehr schnell, ob man mit seiner ganzen Aufmerksamkeit dabei ist oder nicht. In der Begegnung sollte meine Aufmerksamkeit ganz dem Gegenüber gewidmet sein. Ich sollte mich nicht mit anderen Gedanken beschäftigen oder mich ablenken lassen.

_ Angemessenen Rahmen sicherstellen: Wer kennt nicht Gespräche mit Mitarbeitern oder Vorgesetzten „zwischen Tür und Angel". Solche Begegnungen werden oft als „Abladestationen" von Aufgaben und Gedanken benutzt – oft mit wenig Effektivität. Damit eine Begegnung wirkungsvoll sein kann, sollte für Rahmenbedingungen gesorgt sein, die der Begegnung

Qualität geben. Ein vertrauliches Gespräch sollte beispielsweise in einer ruhigen, offenen Atmosphäre stattfinden.

_ Vorbereiten und Nachbereiten: Als spontaner Mensch mag ich diesen Punkt nicht besonders. Auf spontane Begegnungen kann man sich auch nicht vorbereiten. Tiefere Begegnungen benötigen für ihre Wirksamkeit jedoch immer einer Vorbereitung. Für mich als Christ kann das ein Gebet sein oder eine Antwort auf die Frage: „Was benötigt dieser Mensch oder diese Gruppe jetzt?". Ebenso wichtig ist die Nachbereitung. Was habe ich gesagt oder zugesagt, was einer weiteren Aktion bedarf?

Dr. Wolfgang Weidner (1952) lebt im Stuttgarter Raum, ist verheiratet und hat zwei Kinder und Enkelkinder. Als Diplom-Kaufmann war er viele Jahre in Führungspositionen tätig. Seit zehn Jahren ist er selbständiger Unternehmer im Bereich Personalberatung und Gründer von RAISE LEADERS, einem Förderprogramm für junge Leiter. www.raise-leaders.eu

POLITIK

EINE WIRKUNGS-VOLLE BEGEGNUNG IST FÜR MICH EINE BEZIEHUNG AUF ZEIT.

Was macht eine wirkungsvolle Begegnung aus?

Ob als Sozialarbeiter, Leiter der Heilsarmee in Chemnitz oder jetzt als Bundestagsabgeordneter bin ich schon immer gerne, offen und frei Menschen begegnet. Mir fällt es leicht und ich liebe es, die Einzigartigkeit meines Gegenübers zu entdecken. Ich empfinde es als Privileg, mit so unterschiedlichen Menschen wie dem einen oder anderen Staatspräsidenten, genauso wie manchem meiner Originale bei der Heilsarmee zusammengesessen zu haben.

Trotzdem ist mir bewusst, dass zu einer gelingenden Begegnung Mut gehört. Wem es nicht gelingt, die natürliche Verunsicherung zu überwinden, wird die Chance verpassen, sich auf das Gegenüber einzulassen. Ich setze mich einmal im Monat ab 21 Uhr in eine Chemnitzer Kneipe. Dort kann jeder vorbeikommen und mit mir als Abgeordneten ohne Vorgaben über alles reden. Manchmal „schwebe" ich regelrecht nach Hause, weil die Begegnungen des Abends mich erfüllen. Allerdings gab es auch schon Abende, an denen ich eine Stunde und mehr mit Vorwürfen überschüttet wurde. Dann hat es sehr lange gedauert, bis mein Gegenüber bereit war, auch mir zuzuhören. Manchmal denke ich dann: „Wie schade, dass uns so oft der Mut fehlt, uns aufeinander einzulassen!"

Eine wirkungsvolle Begegnung ist für mich eine Beziehung auf Zeit – und sei es nur für einige Minuten. Wenn es in einer Begegnung nicht zum Austausch kommt, wenn es nicht gelingt, dass ich gebe und nehme, dann ist etwas schief gelaufen. Ich bin bei jeder Begegnung gespannt, was ich dieses Mal bekommen werde und der Reiz besteht für mich darin, dass ich im Vorfeld nicht wissen kann, was es sein wird. Deswegen behaupte ich, dass eine Begegnung dann wirkungsvoll ist, wenn sie mich lange beschäftigt.

Worauf ist bei der Gestaltung einer Begegnung zu achten?

Der für mich wichtigste Anspruch ist, so vorbehaltlos wie möglich in jede Begegnung zu gehen. Damit mir dieses Prinzip nicht auf die Füße fällt, habe ich im Laufe der Jahre so etwas wie innere Sicherungsseile eingebaut. Ein solches Sicherungsseil ist: Der erste Eindruck könnte falsch sein. Gleichzeitig versuche ich vor Augen zu behalten, dass selbst verschrobene Menschen etwas Geniales, Einzigartiges und in dieser Form bei keinem anderen Menschen Vorhandenes in sich tragen. Dieses versuche ich zu entdecken, denn das ist etwas, was mich in der Persönlichkeit meines Gegenübers auf seinen Schöpfer hinweist. Um nicht böse überrascht zu werden, behalte ich die Erkenntnis im Hinterkopf, dass auch freundliche, freigebige oder liebenswürdige Menschen etwas in sich tragen, was sich treffend als „Arschloch" beschreiben lässt. Der Dreiklang dieser Sicherungsseile hat sich bewährt.

Was sollte ich für meine nächste Begegnung beachten?

Versuchen Sie der Person zu begegnen und nicht Ihrem Gegenüber in seiner Funktion! Als ich wie aus dem Nichts von den Hartz IV-Empfängern zu den Spitzenpolitikern in den Bundestag gewechselt bin, wurde ich gefragt, wie es mir damit geht. Ich habe 2009 geantwortet und würde auch heute antworten, dass sich beide Gruppen in gewisser Hinsicht gleichen: Sie sind beide Außenseiter. Nach wie vor möchte ich, dass man mir nicht zuerst als Bundestagsabgeordneter, sondern als Frank Heinrich begegnet. Gleichzeitig versuche auch ich, allen so gut ich kann gerecht zu werden. Solange wir in unseren Begegnungen fröhlich und entspannt bleiben können und das Ansehen der Person nicht unser Verhalten bestimmt, werden wirkungsvolle Begegnungen gelingen. Das ist meine feste Überzeugung.

Nach seinem Theologie- und Sozialpädagogikstudium leitete Frank Heinrich (1964) den sozialmissionarischen Dienst der Heilsarmee. Mittlerweile ist er Mitglied der CDU/CSU-Bundestagsfraktion im Ausschuss für Menschenrechte, humanitäre Hilfe, Arbeit und Soziales. Er lebt in Chemnitz, ist verheiratet und Vater von vier Kindern. www.frankheinrich.de

FREMDE
SIND
FREUNDE,
DIE DU
NUR
NOCH
NICHT
KENNEN-
GELERNT
HAST.

Was macht für dich eine wirkungsvolle Begegnung aus?

Grundsätzlich zwei Komponenten: ein klares in die Augen Sehen und ein angenehm starker Händedruck. Auf der Bühne gilt für Künstler dasselbe. Übersetzt heißt das, dass Bands nicht ein beliebiges Standardprogramm auf der Bühne abziehen, sondern die Fans direkt ansprechen. U2 hatte einmal auf einer ihrer Tourneen ein Video mit einer Schneekugel auf dem Screen, die das Bild der Sehenswürdigkeit der jeweiligen Stadt abgebildet hat. Genau dieses Detail hat den Unterschied bei dem jeweiligen Publikum gemacht. Damit zeigten sie den Leuten der Stadt: „Wir sind bei euch!"

Gerade wenn ich durch meinen Beruf Weltstars begegne, plane ich nicht, wie ich mich verhalte. Wenn ich jemandem begegne, begegne ich ihm einfach. Alles andere finde ich zu manipulativ und unecht. Das Zentrale dabei: Du selbst zu sein. Wichtig bei Künstlern ist auch, dass du eben keine Extrawurst für sie machst. Dieses Tour-Leben ist etwas ganz Eigenes. Wenn es passiert, dass ein Künstler in einer Halle ist, wo nur „Sporthallen-Massenduschen" sind und das Wasser morgens kalt ist, dann verstehe ich, wenn er genervt ist und das nicht gut findet. In solchen Fällen sollten wir immer versuchen, uns in die andere Person hineinzuversetzen und uns fragen, warum die Person das gerade so fühlt. So weit sollten wir denken können und in der Lage sein, auf die Bedürfnisse anderer einzugehen. Man braucht eine Begegnung auf Augenhöhe und es sollte kein Vergöttern sein. Wir trinken eben alle dasselbe Wasser und sind alle „nur" Menschen.

Worauf ist bei der Gestaltung einer Begegnung zu achten?

Zuallererst gutes Zuhören und einen Blick dafür haben, worum es geht. Wenn ich beispielsweise auf einer Tour mit Künstlern bin, bedeutet das, dass ich realisiere, wo Probleme sind und ich signalisiere, dass ich sie ernst nehme. Selbst wenn ich ganz genau weiß, dass auf bestimmte Forderungen nicht eingegangen werden kann, möchte ich vermitteln, dass ich ihre Wünsche ernst nehme. Dabei sollte ich auch die Gründe nennen, weshalb es schwierig oder unmöglich ist, es umzusetzen, in diesem Zuge aber auch in der Lage sein, Alternativen anzubieten.

Das ist genau das, was ich meinen Kindern schon versuche beizubringen: „Du wirst nie jedem gefallen! Es wird dich nicht jeder Mensch lieben und darauf solltest du es auch nicht anlegen." Wenn du mit dir selbst nicht im Reinen bist, dann kannst du anderen Menschen auch nichts Positives signalisieren.

Was sollte ich für meine nächste Begegnung beachten?

Neugierig zu sein! Ich finde es wichtig, dass man immer bereit ist, sich durch neue Begegnungen weiterzuentwickeln. Hier kann ich das Zitat anbringen: „Fremde sind Freunde, die du nur noch nicht kennengelernt hast." Das bringt ganz schön zum Ausdruck, dass man offen für alles ist, was so kommt. Auch für Sachen, die zuerst negativ erscheinen.

Ich kenne das beispielsweise von mir, dass ich mich früher immer tierisch aufgeregt habe, wenn ich plötzlich im Stau stand. Heute denke ich mir: „Ja gut, ich kann es jetzt auch nicht ändern." Sich einfach darauf einlassen, ein bisschen loslassen und die Kontrolle mal in manchen Bereichen abgeben.

Julia Frank hat das Tourneegeschäft von der Pike auf gelernt. Live-Konzertmomente begeistern die Frankfurterin immer wieder neu. Die Erlebnisse bei Begegnungen mit Weltstars könnten sie eines Tages in die Kommunalpolitik führen. www.wizpro.com

DER ZWEITE BLICK IST NICHTS ANDERES ALS DER BLICK AUS DER HERZENS-PERSPEKTIVE.

Was macht eine wirkungsvolle Begegnung aus?

Ich bin vor allem an den Menschen als Menschen interessiert. Wenn ich erahne und begreife, auf welchen Wegen ihr Herz sie an die Stelle geführt hat, wo sie sind, dann ist mein Interesse geweckt. Wenn mein Verstand versteht und vor allem mein Herz spürt, welche Reise der Charakter hinter sich hat, den ich in der Begegnung erlebe, dann setzt mich das emotional in Bewegung.

Wenn ich in solch einer Begegnung auch noch etwas lernen kann, wenn ich merke, dass ich auf eine Reise in ein noch unentdecktes gedankliches Land mitgenommen werde, dann kann ich gar nicht aufhören, zuzuhören und Fragen zu stellen. Genau das hinterlässt eine enorme Wirkung bei mir.

Worauf ist bei der Gestaltung einer Begegnung zu achten?

Es gibt so viele Möglichkeiten der Begegnung. Damit es übersichtlich bleibt, konzentriere ich mich auf Begegnungen im beruflichen Umfeld als Leiter einer Organisation. Fast jede und jeder in meinem Umfeld ist durch enorme Reisetätigkeiten, Telefonkonferenzen und dringende Terminerledigungen zeitlich so knapp getaktet, dass in Gesprächen oft nur Raum für dienstliche Themen bleibt. Hier werden strategische Papiere gewälzt und hin und her geschickt. Kennzahlen werden besprochen und ausgewertet. In Tagungen oder Präsentationsveranstaltungen ist die Zeit oft so eng durchgeplant, dass kaum Raum für echte menschliche Begegnung ist.

Für mich gehört allerdings zu einer effektiven, wirkungsvollen Veranstaltung Raum für Gespräch, gemeinsame Reflexion und vor allem ein Schutzraum für die Teilnehmer, um sich als eigenständige Persönlichkeiten wahrnehmen und kennen lernen zu können. Kenne ich mein Gegenüber besser, hilft das enorm bei der effektiven Erledigung unser Themen.

Ich höre immer wieder und kann mich bei meiner Vielzahl an Terminen auch nicht davon freisprechen, dass es auch langweilige Sitzungen und Veranstaltungen auf dieser Welt gibt. Wenn man nicht gerade das Protokoll einer solchen Sitzung zur Hand hat, kann man nach wenigen Tagen bereits vergessen, was wesentliche Diskussionspunkte waren oder was im Detail beschlossen wurde. Ein zu Herzen gehendes Gespräch und die Begegnung, bei der ich etwas für meine eigene Persönlichkeitsentwicklung mitgenommen habe, bleibt mir allerdings viel tiefer im Gedächtnis. Also: Luft in der Agenda lassen für echten Austausch!

Was sollte ich für meine nächste Begegnung beachten?

Die Herzensaugen immer geöffnet lassen! Die wirklich interessanten Menschen fallen einem entweder sofort auf oder sie sind nur mit einem genaueren zweiten Blick zu entdecken. Und dieser zweite Blick ist nichts anderes als der Blick aus der Herzensperspektive. Wenn das meine Leitmotivation für Treffen, Sitzungen und Begegnungen ist, dann wird´s spannend und dann will man gar nicht mehr damit aufhören.

Christoph engagiert sich mit seiner Organisation für eine bessere und gesunde Zukunft von Millionen Kindern weltweit. Er war einmal jüngster Bürgermeister in Nordrhein-Westfalen, hat als Ehrenbürger freien Eintritt ins Schwimmbad der Stadt Swiebodzice in Polen und lebt mit seiner Familie in Berlin. www.worldvision.de

DIGITAL

In einer gefühlt
sich immer
schneller drehenden
Welt sind für mich
die Momente
einer Begegnung
besonders,
an denen ich
unbewusst
innehalte, weil mich
etwas berührt
und meine
Aufmerksamkeit
magnetisch
anzieht.

Was macht eine wirkungsvolle Begegnung aus?

Zeit ist für mich der Schlüssel zu einer wirkungsvollen Begegnung. In einer gefühlt sich immer schneller drehenden Welt sind für mich die Momente einer Begegnung besonders, an denen ich unbewusst innehalte, weil mich etwas berührt und meine Aufmerksamkeit magnetisch anzieht. In diesem Moment friert die Zeit kurz ein und meine Sinne tasten verstärkt auf das, was auf mich wirkt. Darauf fokussiere ich mich unweigerlich.

Am stärksten prägen sich mir Begegnungen ein, bei denen etwas Besonderes, etwas nicht Alltägliches passiert. Für mich ist aber auch eine Begegnung wirkungsvoll, wenn sich jemand in der Hektik des Alltags, Zeit für eine Begegnung untereinander nimmt.

Worauf ist bei der Gestaltung einer Begegnung zu achten?

Die Begegnung sollte besonders sein. Wir haben ständig und überall um uns herum Begegnungen. Wenn ich möchte, dass sich jemand abends, vielleicht sogar noch nach einer Woche oder gar nach einem Jahr an diese Begegnung erinnert, muss ich überlegen was diese Begegnung besonders macht. Zaubertricks funktionieren meist durch eine Ablenkung bzw. das Lenken der Aufmerksamkeit seines Gegenübers. Man schaut auf die rechte Hand, während das, was den Trick erst Trick sein lässt, in der linken Hand passiert. Begegnungen sollten meiner Ansicht nach aber authentisch und ehrlich sein. Genauso wie Magier bei einem Zaubertrick ablenken, kann die Aufmerksamkeit seines Gegenübers auf etwas Besonderes gelenkt werden. Wenn ich es schaffe die volle Aufmerksamkeit aller Sinne meines Gegenübers zu haben, dann schaffe ich es auch vielleicht die Zeit für ihn in diesem Moment langsamer vergehen zu lassen.

Was sollte ich für meine nächste Begegnung beachten?

Kenne deinen Gegenüber. Es ist eine große Hilfe zu wissen, wer sein Gegenüber ist. Wir sprechen heute oft von Zielgruppe (Empfänger). Genau das ist mein Gegenüber, sei es in einer Begegnung im Gespräch oder in einer virtuellen Begegnung. Wenn ich ein Bild oder eine Vorstellung von meinem Gegenüber habe, dann kann ich vielleicht einschätzen, was der Person oder der Gruppe wichtig ist und so die Begegnung gestalten. Ort, Zeit, Licht, Temperatur und vieles mehr kann dabei positiv auf die Begegnung wirken. Nur Mut das mal auszuprobieren! Man sollte nur immer sich selbst treu bleiben und sich nicht verstellen.

Magnus Wacinski (1980), in und aus Berlin, verheiratet, Studium der Medienwirtschaft, 18 Jahre Berufserfahrung in Film & Fernsehen, 4 Jahre davon bei Studio71, Schwerpunkt: Webvideo-Produktionen, Influencer Marketing und Branded Entertainment.

ES MUSS LICHT ZWISCH-EN UNS GELEU-CHTET HABEN.

Was macht eine wirkungsvolle Begegnung aus?

Was muss passiert sein, wenn mir eine Begegnung nachgeht? – und zwar nicht im beruflichen oder sonstigen nutzenorientierten Sinn, sondern, basaler, im menschlichen. Also: Was
muss passiert sein, dass mir ein Mensch nachgeht, obwohl wir beide voneinander wieder
weggingen? Was bleibt mir in der aktiven Erinnerung, wenn ich los von ihm bin und wieder
bei mir – aber jetzt eben: mit ihm?

Mein Versuch einer Antwort in steno: Es muss Licht zwischen uns geleuchtet haben. Ich
habe am Tag Hunderte von Begegnungen – manche face to face, viele digital – und in (fast)
allen geben wir uns Mühe, einander zu respektieren, zu entsprechen und einander nützlich
zu sein. Das ist sehr befriedigend. Was mich aber beeindruckt und was mir dann nach dem
Fortgehen nachgeht: Manche Personen gestalten die Begegnung mit mir aktiv; sie investie-
ren in mich; sie geben mehr als das Setting üblichen Umgangs verlangt. Dabei merke ich,
dass sie es freiwillig machen, souverän als Ausdruck ihres Stils, nicht wegen ihrer strategi-
schen Sorge vor möglichen Nachteilen.

Beispiele: Sie drücken mir fester die Hand; sie begrüßen mich fantasievoller; sie lassen
mehr Humor durchblicken; sie sind so angezogen, dass man ihre Freude an sich selbst bemerkt; sie sind hartnäckiger; sie schauen mir in die Augen; sie sagen riskante Dinge über das
Leben. Als religiöser Mensch sage ich: Sie haben eine Mission, sie sind eine Mission – und
sie nutzen die Begegnungen mit mir, um Teil ihrer Mission zu werden. Schon das glimmt. Und
wenn ich es selbst riskiert habe, ihnen genauso zu begegnen, leuchtet es sogar zwischen uns.

Worauf ist bei der Gestaltung einer Begegnung zu achten?

Will man Menschen Begegnungen anbieten, die sie zu ihrem Potenzial und dessen Weiterentwicklung führen, dann braucht man von ihnen vor allem Risikobereitschaft. Die Aktivierung
von Risikobereitschaft wird wahrscheinlicher, wenn folgende Bedingungen gegeben sind:

_ Sicherheit der persönlichen Autonomie: Ich muss gehen können, ohne dass das sanktioniert wird.

_ Attraktivität und Authentizität von Raum und Moderator-Personen: Ich muss glauben können und glauben wollen, dass die Story stimmt.

_ Zumutung: Ich will nicht nur bestätigt werden – ich will mich entwickeln. Konfrontiert mich mit überraschenden Themen, Sätzen, Leuten, Konsequenzen! (Aber beachte Bedingung 1 und 2!)

_ Führung: Ich will sehen, dass die Leute, die etwas versprechen, nicht nur für sich davon profitieren, sondern entschlossen sind, mich zu gewinnen – ohne davon abhängig zu sein, ob ich zustimme.

_ Relevanz: Es muss um etwas gehen, wofür sich das Risiko lohnt. Zeig' mir, wie Wirklichkeit geht und verpulvere meine Energie nicht für Sachen, für die ich mich in meinen klaren Momenten nicht entscheiden würde.

Was sollte ich für meine nächste Begegnung beachten?

Überrasche deine Leute dadurch, dass du es selbst spitze findest, dir zu begegnen. Zeig', dass du dich respektierst und das Leben mit dir aktiv gestaltest. Und zeig', dass das oft Spaß macht. Also: Überrasche – durch ein neues Parfüm, ein neues Outfit (warum nicht gewagter als das letzte?), einen guten Spruch, erstaunlich robuste Stress-Resistenz, tänzerische Lockerheit im Auftreten und den Mut zur neuen Idee in der Sache. Sei von jener Stärke, die auch die anderen stark macht. Soll heißen: Da du erkennbar kultiviert mit der für dich riskantesten Person überhaupt umgehst – nämlich: dir selbst – wird das den Mut verbreiten, es dir nachzutun.

Matthias Sellmann (1966) lebt in Ehe und Familie mit 3 Kindern in Hamm. Er hat die katholische Kirche als einen Ort erfahren, an dem außergewöhnliche Menschen außergewöhnliche Sätze über das Leben sagen. Also setzt er sich beruflich dafür ein, dass Kirche in diesem Sinn gut arbeitet. Das tut er als Professor für Pastoraltheologie an der Ruhr-Universität Bochum und als Gründer des zap. www.zap-bochum.de

BEVOR WIR UNS IN GEDANKEN ÜBEN, LOHNT ES SICH, IM BEOBACHTEN ZU VERWEILEN.

Was macht eine wirkungsvolle Begegnung aus?

Ich erinnere mich an eine einzigartige Begegnung mit einem japanischen Meister („Sensei"). Als ich in Japan einen Kintsugi Künstler bei der Arbeit portraitieren durfte, brauchten wir viel Zeit. Kinstugi ist die Kunst, aus Zerbrochenem (in der Regel Keramiken, z.B. Teetassen) wieder Neues herzustellen. Es ist mehr als eine Reparatur oder eine Restauration, denn das neue Werk erhält durch das kunstvolle Arbeiten mit Gold einen neuen Charakter und wird so zu einer ganz eigenen, neuen Schöpfung. Ich konnte in der kurzen Beobachtungszeit seines Arbeitsprozesses, seine Liebe zum Detail, die Geduld und die Verlangsamung erkennen. Das Vorbereiten der zerbrochenen Teile, das Anrühren des Liquors und das kunstvolle Verzieren der „Narben" mit Gold geschahen mit größter Sorgfalt. Als er sein Werk nach vielen Arbeitsschritten fertig stellte, war in ihm großes Glück anzusehen. Das Glück transportierte sich von innen nach außen und nahm seine ganze Gestalt ein. Ich sah, dass der Meister eine wirkungsvolle Begegnung mit seinem Werk geschaffen hatte.

Worauf ist bei der Gestaltung einer Begegnung zu achten?

Der Begegnung eine Chance geben, sie besonders werden zu lassen. In Japan werden Begegnungen seit Bestehen der Teezeremonie zelebriert. Seit frühen Zeiten wurden in Anerkennung für den Augenblick stets individuell angefertigte, wertvolle „one-of-a-kind"-Tassen benutzt, um dem einzigartigen Charakter der Begegnung in der Teezeremonie angemessen Ausdruck zu verleihen.

Heute werden diese Übungen unter „Achtsamkeit" wiederentdeckt – und tatsächlich haben wir in den omnipräsenten medialen Begegnungen über digitale Medien möglicherweise das Bewusstsein für die Kostbarkeit des Augenblicks verloren. Dabei droht gleich zweierlei Verlust: Der Wert für die eigenen Schätze, die wir in die Begegnung mit hineinbringen und die Aufmerksamkeit für die Besonderheit der Begegnung mit dem Gegenüber.

Was sollte ich für meine nächste Begegnung beachten?

Zurück zu dem Kintsugi Künstler: Nach der Fertigstellung seines Meisterstücks stand ich dort und beobachtete einen zutiefst glücklichen Meister mit seinem Werk – und ich staunte. Ich musste für die Begegnung meine eigene Ideologie, meine Gedanken und meine Erfahrungen und meine ständigen Gedanken in einen „Pausenmodus" versetzen, um die Schönheit des Augenblicks erkennen zu können. Hierin liegt möglicherweise ein großer Schatz – in der reinen Betrachtung.

Ich habe gemerkt: Bevor wir uns in Gedanken üben, lohnt es sich, im Beobachten zu verweilen – um solch tiefe Begegnungen mit uns und anderen zu ermöglichen. Diese Momente verfliegen nicht und bleiben uns möglicherweise ein Leben lang erhalten. Es ist eine Kunst, die uns ermöglicht, das Kostbare zu entdecken und im weiteren Schritt für andere sichtbar zu machen.

Klaus Motoki Tonn (1973), Gründer, Berater und Forscher für Digitales und Innovation. Tätig für Industrie und Kirche, liebt kreatives und strukturiertes Arbeiten und strategische Kommunikation. Vorlieben sind Brettsportarten, analoge Musik und Fotografie. Als Jurist hat er mehrjährig Projekte im M&A und Investor Relations Umfeld geleitet – seine Schwerpunkte liegen in der Strategieentwicklung, Unternehmenskultur, Digitalisierung und Kommunikation. Er schreibt einen PhD über die Digitalisierung und die Innovationsfähigkeit von Diakonie und Kirche. www.lumen-design.de

GLAUBE

VON DIESEM MENSCHEN KANNST DU ETWAS LERNEN, FINDE HERAUS WAS ES IST.

Was macht eine wirkungsvolle Begegnung aus?

Das ist eine Frage, die mich seit vielen Jahren beschäftigt. Ich meine: Die meisten Begegnungen zwischen Menschen bleiben an der Oberfläche. Auch zwischen solchen, die sich schon lange zu kennen meinen. Viele Gespräche sind nichts anderes als über weite Strecken fruchtlose Monologe zwischen Individuen, die bei ihrem Reden vorwiegend sich selbst hören wollen und ihr Gegenüber kaum wahrnehmen. Andere sind von bestimmten, oft ebenso selbstbezogenen Interessen bestimmt: Es geht darum, dem anderen etwas zu „verkaufen". Eine Ideologie, politische Meinung, religiöse Anschauung oder ein Produkt, das man an den Mann oder an die Frau bringen will.

Eine echte Begegnung unterscheidet sich grundlegend von diesen Spielarten des Versuchs, bei anderen zum (eigenen) Ziel kommen zu wollen. Eine Begegnung wagen, heißt zuerst, sich selbst zu öffnen. Für einen Menschen. Für Neues. Begegnung heißt, sich Unerwartetem aussetzen, sich auf mein Gegenüber echt und möglichst vorbehaltlos einlassen. Die beste Beschreibung einer echten Begegnung habe ich vor vielen Jahren beim Theologen Friso Melzer gefunden. Ich habe sie mir notiert und seither begleitet sie mich nicht nur im Blick auf zwischenmenschliche Begegnungen, sondern auch im Blick auf meine Beziehung zu Gott, in der es um nichts anderes als eine solche Begegnung geht.

„So geschieht Begegnung: Du stehst vor mir, ich stehe vor dir. Du sprichst mich an, und ich öffne mich deinem Wort. Ich sehe und höre deine Eigenart und lasse dein Bild und Wort in mich ein. Du rufst mich an, und ich antworte dir. So ergibt sich ein Gespräch, ein Zwiegespräch, auch ein Ringen der Geister, und das wird umso fruchtbarer, je mehr jeder sein Bestes einsetzt. Nach solch einer Begegnung ist keiner der beiden so, wie er vorher war."*

Seitdem ich in meinen Begegnungen mit Gott und Menschen auf die hier beschriebenen Kriterien achte, geschieht darin immer eine erstaunliche Nähe. Ein Tiefgang, der in Vertrauen mündet. Wertschätzendes Verstehen und echtes voneinander Lernen.

---

* Friso Melzer [Stuttgart: 1977]. Versenkung oder Begegnung: Entscheidungshilfe zur Frage der Meditation, S. 36

Worauf ist bei der Gestaltung einer Begegnung zu achten?

Neben der gerade genannten inneren Haltung hilft es mir, mir da und dort vor einer Begegnung (egal, ob es Gäste, Mitarbeitende, Vorgesetzte, Kunden oder Freunde sind) Folgendes in Erinnerung zu rufen:

_ Ich achte darauf, dass ich nicht mehr rede als zuhöre.

_ Ich stelle Fragen, welche in die Tiefe gehen und mein Gegenüber spüren lassen, dass ich an ihm als Person mehr interessiert bin, als an seinem Titel, seinem Erfolg, seinem Scheitern oder daran, ob er mein Kunde oder Unterstützer wird.

_ Ich erinnere mich daran, dass ich letztlich von jedem Menschen etwas lernen kann. Besonders bei intensiveren Begegnungen versuche ich herauszufinden, was es ist und lasse mir so von dieser Person meinen Horizont erweitern.

_ Ich suche nach Möglichkeiten, mein Gegenüber wertzuschätzen und zu ermutigen – für Dinge, die er gut kann, für ehrliche Worte, inspirierende Gedanken, für großzügige Gesten.

_ Ich will vertrauenswürdig sein. Ich nehme mir deshalb vor, mich nicht zu verstellen und zu meiner Meinung zu stehen. Diese Person soll wissen, woran sie bei mir ist, egal ob es um berufliche oder private Angelegenheiten geht.

Was sollte ich für meine nächste Begegnung beachten?

Drei Dinge: Von diesem Menschen kann ich etwas lernen. Finde heraus, was es ist.
Zweitens: Dieser Mensch braucht einen Ermutiger / eine Ermutigerin. Sei du es!
Drittens: Sei diesem Menschen das, was ihm Gott sein möchte.

Thomas Härry (1965) lebt mit seiner Familie bei Aarau in der Schweiz. Dort arbeitet er als Dozent am TDS Aarau (FH Kirche und Soziales), Referent und Mentor von Führungskräften. Er ist Autor mehrerer Bestseller wie: Von der Kunst sich selbst zu führen.

Wir schleichen umeinander herum, ohne zu wagen, unser tiefen Sehnsucht nach Verbindung und Wachstum zu folgen.

KATHOLISCHER PASTOR

Was macht eine wirkungsvolle Begegnung aus?

Ich begegne vielen Menschen, die sich als Erwachsene abrackern, kämpfen, rastlos und aufgebraucht sind. Die verlernt haben zu träumen, zu visionieren und ihren Wünschen Raum zu geben und ihnen zu trauen. Wir schleichen umeinander herum, ohne zu wagen, unser tiefen Sehnsucht nach Verbindung und Wachstum zu folgen. Wo dem entgegengewirkt wird, wo in einer Begegnung Raum ist für mehr als nur das Alltagsgeschäft, da hat eine Begegnung Wirkung. Wo ich wahrgenommen und anerkannt werde, da begegne ich wirklich jemandem. Es sind diese Momente, in denen ich merke: Hier geht es um etwas. Wir bewegen uns weg vom Smalltalk, von den reinen Absprachen und von der Klärung von Sachverhalten. Wir verlassen die Spielwiese des Abtastens und der Reviermarkierung.

Worauf ist bei der Gestaltung einer Begegnung zu achten?

In jedem Menschen wohnt die tiefe Sehnsucht, sein Leben nach seinen Träumen und Wünschen frei zu gestalten. Menschen brauchen einander, um zu wachsen. Sie brauchen Räume, in denen sie sich trauen, ihre tief verwurzelten Sehnsüchte wieder zu entdecken, ihr Herz zu öffnen, sich voll auf ihre Talente zu fokussieren, um ein erfülltes Leben führen zu können. Wie finde ich den Kontakt zu meinem Potenzial wieder? Dafür braucht es Menschen und Begegnungen, die mich inspirieren, die wieder eine neue Weite schaffen.

All das ist möglich, wenn Menschen sich in Gruppen treffen, miteinander verbinden und gemeinsam etwas schaffen, das von einem Einzelnen nicht zu realisieren gewesen wäre. Sich gegenseitig bestärken, sich gut zu tun, sich echt und offen zu zeigen in dem Wissen: Mein Gegenüber hat ebenfalls Wünsche und Visionen, genauso wie ich. Die werfen wir gemeinsam in einen Topf und arbeiten an etwas „Großem". Dafür braucht es keine Superhelden mit glattgebügelter Kommunikation, sondern ehrliche Menschen, die sich auf ihr Gegenüber einlassen.

Was sollte ich für meine nächste Begegnung beachten?

Ich sitze im ICE gen Süddeutschland und auf die Bahn ist wieder einmal Verlass. Die 30 Minuten
Verspätung haben wir längst hinter uns gelassen. Mein Arbeitspensum am Laptop für die
Fahrt ist erfüllt und so zücke ich mein Smartphone und scrolle durch meine Social Media
Seiten. „Nur wenige Menschen leben wirklich im Moment", ertönt es von der Fensterseite.
Och nö, denke ich. Keinen Smalltalk bitte über die allgemeine soziale Verwahrlosung unserer
Kultur. „Ja, so ist das wohl", sage ich und wische weiter über mein Handy. Ruhe. War's das?
Glück gehabt. „Ich habe viel über Meditation gelesen und es sind genau diese Momente des
Wartens, die uns erfüllen können", sagt er, während ich weiter auf mein Handydisplay schaue.
„Als ich vorhin auf Ihr Display und den Text sah, dachte ich mir, das könnte Sie interessieren.
Es ist so schade, dass viele Menschen nicht bei sich selbst sind."

    Ich fühle mich ertappt. Ich lege mein Handy weg und lasse mich aufs Gespräch ein.
Meine Stimmung verändert sich. Ich merke, wie mich der Moment zu reizen beginnt und spüre
die beginnende Lust, mich zu unterhalten. Wie empathisch er zu sein scheint. Wie reflektiert
er sich selbst gegenüber ist und Dinge anspricht. Und wie viel Wahrheit in alldem steckt,
was er mir mal eben herüberwirft. Zugleich spüre ich meinen aufkeimenden Ärger über mich
selbst, den Ärger darüber, dass diese Möglichkeit beinahe an mir vorbeirauschte. Ich schenke
ihm meine Aufmerksamkeit, frage nach und lasse mich ein.

Christian Olding (1983) empfing 2011 die Priesterweihe und arbeitet aktuell als Pastor in der St. Maria Magdalena Pfarrei
Geldern. Sein Antrieb: Die Botschaft Christi verständlich und in einer modernen Weise zu vermitteln, damit ihr Alltags-
wert wieder verstanden wird. Mit seinem Projekt v_the experience setzt er dieses Vorhaben in die Tat um: egal ob
mit Videosequenzen, Predigten, Glaubensabenden, Dinnern, Kinoexerzitien oder auch Kooperationen mit Fotografen,
Künstlern und Physiotherapeuten.

ICH HALTE
BEGEGNUNGEN
DANN FÜR
GELUNGEN,
WENN SIE
BEZIEHUNG
INITIIEREN.

Was macht eine wirkungsvolle Begegnung aus?

Ich halte Begegnungen dann für gelungen, wenn sie Beziehung initiieren. Am besten kommt das im Handdruck der afrikanischen Volksgruppe der Zulus zum Ausdruck. Drückt ein Zulu nur einmal deine Hand, dann will er damit sagen: „Schön, Sie getroffen zu haben. Mehr muss es aber auch nicht sein." Drückt er die Hand zweimal, dann teilt er dir mit: „Es war gut, wir sollten uns unbedingt noch einmal treffen." Und der dritte Handdruck besiegelt schließlich eine gerade entstandene Freundschaft. Gute Begegnungen öffnen Beziehungsräume.

Worauf ist bei der Gestaltung einer Begegnung zu achten?

Zugegebenermaßen führt nicht jede Begegnung zu einer Beziehung. Nicht selten zerstören Begegnungen gar eine bestehende Beziehung. Warum? Was sollte ich beachten, wenn ich Menschen effektiv begegnen will? Als Theologe achte ich auf folgende Prinzipien:

_ 1. Wer Menschen begegnet, trifft auf seine Mit-Geschöpfe. Von Gott her gedacht sind alle Menschen Geschwister, da Er unser Vater ist.

_ 2. Meine Mit-Geschöpfe verdienen es, geliebt zu werden. Jesus bringt es auf den Punkt, wenn er alle Gebote, sprich Spielregeln des menschlichen Verhaltens, auf den Satz herunterbricht: „Du sollst Gott lieben ... und den Nächsten wie dich selbst." Dabei ist der Nächste nicht irgendein Verwandter und Freund, sondern schlicht und einfach der nächste Mensch, der mir entgegen kommt.

_ 3. Wahre Begegnung setzt Liebe zum Nächsten und Mitmenschlichkeit voraus. Mitmenschlichkeit gibt es nur da, wo man vorurteilsfrei auf den Nächsten zugehen kann. Das kann ich nur dann, wenn ich …

_ 4. … prinzipiell Interesse habe am Menschen, dem ich begegne. Nicht allein die Sache, die ich in der Begegnung zu klären versuche, ist das Wichtigste, sondern die Person ist für eine Beziehung entscheidend. Unter den Indianern hieß es: „Erst wenn du die Mokassins deines Nächsten getragen hast, hast du ihm seinen Respekt erwiesen." Und in der Bibel wurde der gleiche Sachverhalt mit dem Begriff „Versöhnung" beschrieben. Beziehungen werden aufgebaut, indem man den anderen in seine eigene Story aufnimmt und vice versa.

Was sollte ich für meine nächste Begegnung beachten?

Keine Frage, auch mir graut es manchmal vor der nächsten Begegnung. Vor allem, wenn ich nicht viel über die Person weiß, die mir entgegenkommt. Oder, umgekehrt, wenn ich so viel Negatives über sie gehört habe. Da hilft es, das Negative abzustreifen und mir einen Menschen vorzustellen, auch wenn dieser vielleicht ein verirrter und verbitterter Mensch ist. Danach wächst in mir Interesse für seine oder ihre Story. Ich frage mich dann gerne, was es ist, dass Gott an der Person liebt, ja sogar so sehr liebt, dass er bereit war alles für die Wiederherstellung der Beziehung mit ihr einzusetzen. Ich will den liebenswerten Menschen entdecken und selbst Liebe weitergeben. Das Ergebnis ist in der Regel faszinierend. „Es war schön mit Ihnen", höre ich dann, „wir sollten uns einmal wieder treffen!"

Dr. Johannes Reimer (1955) ist Professor für Missionswissenschaft und Interkulturelle Theologie an der Theologischen Hochschule Ewersbach und der University of South Africa. Seit September 2016 leitet er das Netzwerk für Frieden und Versöhnung in der Weltweiten Evangelischen Allianz (WEA). Er ist verheiratet mit Cornelia und hat 3 Kinder.